*Lenßen erklärt's*

# Ihr Recht: Testament und Erbschaft

W0394951

dtv

*Lenßen erklärt's*

# Ihr Recht:
# Testament und Erbschaft

Beck im dtv
Deutscher Taschenbuch Verlag

**Herausgeber**

**Ingo W. P. Lenßen,** Jahrgang 1961, ist Rechtsanwalt und Fachanwalt für Strafrecht. Er arbeitet seit 1990 als Rechtsanwalt in Ludwigshafen am Bodensee, wo er Partner der Anwaltskanzlei Lenßen & Partner ist. Nach ihm wurde die bekannte Serie „Lenßen & Partner", die in SAT1 ausgestrahlt wird, benannt. In dieser spielt er auch die Hauptrolle.

**Autor**

**Dr. Peter Bothe,** Jahrgang 1960, ist Rechtsanwalt und Fachanwalt für Erbrecht sowie Familienrecht in Singen und verfügt über langjährige Praxiserfahrung im Erbrecht.

Im Internet:

**dtv.de**
**beck.de**

**Originalausgabe**
Deutscher Taschenbuch Verlag GmbH & Co. KG,
Friedrichstraße 1a, 80801 München
© 2009. Redaktionelle Verantwortung: Verlag C. H. Beck oHG
Druck und Bindung: Druckerei C. H. Beck, Nördlingen
(Adresse der Druckerei: Wilhelmstraße 9, 80801 München)
Satz: ottomedien, Darmstadt
Umschlaggestaltung: Agentur Bureau Parapluie, Großberghofen
ISBN 978-3-423-50452-2 (dtv)
ISBN 978-3-406-57476-4 (C. H. Beck)

9 783406 574764

## Vorwort des Herausgebers

Liebe Leserinnen und Leser,

in meiner täglichen Arbeit als Rechtsanwalt erlebe ich immer wieder, wie kompliziert unsere Rechtsordnung ist und wie schwer es vielen Menschen fällt, den „Paragrafendschungel" zu durchschauen.

Aus dieser Erfahrung heraus habe ich eine kleine Reihe von Ratgebern entwickelt, in denen die wichtigsten Rechtsfragen des Alltags kurz und verständlich behandelt werden. Besonders wichtig sind mir dabei die vielen kleinen Beispiele, Tipps und Checklisten, die erst richtig anschaulich machen, worum es bei den einzelnen Problemen geht.

Im vorliegenden Ratgeber behandelt Dr. Peter Bothe „Testament und Erbschaft". Dr. Bothe ist seit langem als Fachanwalt für Erbrecht tätig, und ich freue mich, dass ein so erfahrener Autor hier sein Wissen einer breiten Öffentlichkeit zur Verfügung stellt.

Ihr

***Ingo Lenßen***
Rechtsanwalt

## Symbole

: Mann

: Frau

: verstorbener Mann

: verstorbene Frau

: Erblasser

: Erblasserin

: verheiratet

: geschieden

: kein Erbteil

: Erbquote 1/4

: Erbquote 3/4

: Erbquote 1/8

: Erbquote 1/2

# Inhalt

# Einführung

Der Begriff des Erbrechts bezeichnet die Summe aller Vorschriften, die sich mit den Rechtsverhältnissen nach dem Tod eines Menschen befassen. Der ganz überwiegende Teil hiervon findet sich im fünften Buch des Bürgerlichen Gesetzbuches (BGB), den §§ 1922 bis 2385. Sonderbestimmungen, beispielsweise zur Vererbung von Waffen oder Apotheken, sind im Waffen- bzw. Apothekengesetz enthalten. Erbfälle mit Auslandsbezug werden durch das Internationale Privatrecht geregelt, Art. 25 und 26 des Einführungsgesetzes zum Bürgerlichen Gesetzbuch (EGBGB).

Das Erbrecht des BGB, mit dem wir uns in diesem Leitfaden vorrangig befassen wollen, regelt zwei große Themenkomplexe:

Welche Gestaltungsmöglichkeiten zur individuellen Steuerung Ihrer erbrechtlichen Verhältnisse haben Sie zu Lebzeiten? Wie kommt Ihr Vermögen zuverlässig dorthin, wo Sie es haben wollen?

**Beispiel** *Empfiehlt sich für Sie ein Testament oder ein Erbvertrag oder eine Vermögensübertragung außerhalb des Erbgangs oder zu Lebzeiten?*

Was gilt nach Ihrem Tode? Wie kommen die Betroffenen an das, was ihnen zusteht? Was tun bei überschuldetem Nachlass? Welche Möglichkeiten haben die Erben? Welche Ansprüche haben die Enterbten, etwa auf den Pflichtteil?

**Beispiel** *Empfiehlt sich eine Ausschlagung oder Nachlassinsolvenz?*

Zur Verdeutlichung der Darlegung durch Skizzen werden im Verlauf des Textes gelegentlich Symbole verwendet. Diese Symbole erklären sich im Wesentlichen selbst; eine Übersicht dazu finden Sie vorne zwischen Vorwort und Inhalt.

Vorab sollten wir auch noch einige Begriffe klären, die uns in der Folge immer wieder begegnen werden.

***Abkömmlinge:*** Nachkommen, die direkt von Ihnen abstammen, gleich ob ehelich oder nicht ehelich geboren, also Kinder, Enkel, Urenkel. Adoptierte Kinder sind gleichgestellt. Beim Erbfall bereits gezeugte, aber noch nicht geborene Kinder gelten als vor dem Erbfall geboren; dabei ist die gesetzliche Empfängniszeit zum Nachweis des Zeugungszeitpunkts nicht bindend. Im Fall der Befruchtung außerhalb des Mutterleibes (In-vitro-Fertilisation) reicht es aus, dass dieser Vorgang zum Todeszeitpunkt abgeschlossen war, die Implantation in den Mutterleib also später erfolgte.

***Anfall der Erbschaft:*** Übergang der Erbschaft auf den Erben. Er erfolgt unmittelbar mit dem Tode. Sind Sie Erbe, so geht das Erbe im Moment des Todes auf Sie über, ohne dass weitere Zwischenschritte, etwa besondere Übertragungsakte, erforderlich sind.

***Erbfall:*** Er tritt mit dem Tode ein. Tod meint den Gehirntod, den endgültigen Ausfall der Hirnfunktionen. Stillstand von Atmung und Kreislauf reicht nicht aus, auch wenn diese nur noch durch Intensivmaßnahmen künstlich aufrechterhalten werden.

***Erblasser:*** Der Verstorbene, der ein Erbe hinterlässt.

***Erbteil:*** Anteil des Erben am Nachlass, bei mehreren Erben ein Bruchteil, üblicherweise ausgedrückt durch eine prozentuale Quote. Juristischer Sprachgebrauch: „X ist Erbe zu $1/4$ nach dem Vater geworden."

***Mutter:*** Frau, die das Kind geboren hat, mag auch das befruchtete Ei von einer anderen Frau herrühren. Auch die sogenannte Leihmutter ist also Mutter im Rechtssinne.

***Stamm:*** Personenkreis, der von Ihnen abstammt, also Kinder, Enkel, Urenkel. Jedes Ihrer Kinder begründet dabei einen eigenen Stamm. Bildlich und beispielhaft:

Innerhalb des jeweiligen Stammes geht der nähere Verwandte erbrechtlich dem entfernteren vor, also Kind vor Enkel, Enkel vor Urenkel. Lebt daher in einem Stamm noch das Kind, erben die Enkel nichts; ist das Kind aber vorverstorben, kommen die Enkel zum Zuge. Bildlich:

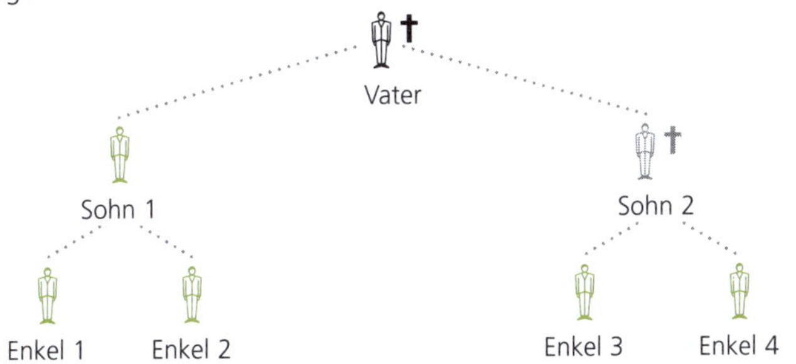


Lebt hier Sohn Nr. 1 noch, erben dessen Kinder (Enkel Nrn. 1 und 2) nichts, während die Kinder des vorverstorbenen Sohnes Nr. 2, Enkel Nrn. 3 und 4, an dessen Stelle erben.

Jeder Stamm erbt gleich viel. Der auf Sohn Nr. 2 entfallende Erbteil von $1/2$ spaltet sich in zwei Erbteile von $1/4$ auf. Bildlich:

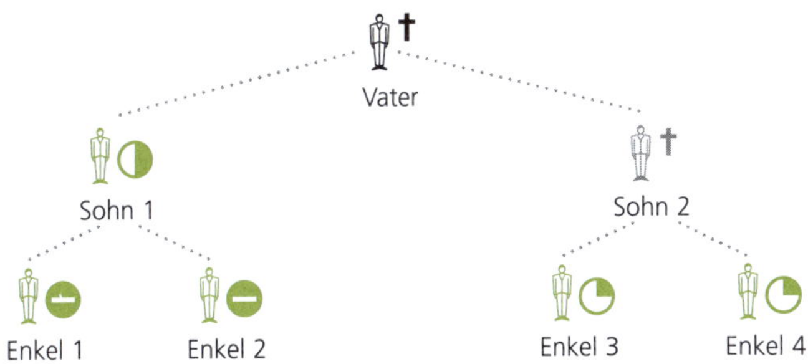

(Es wird also nicht nach Köpfen geerbt – wodurch die insgesamt drei Erben Sohn Nr. 1 sowie Enkel Nr. 3 und 4 jeweils ein Drittel erhielten.)

***Vater:*** Derjenige, der entweder (a) zum Zeitpunkt der Geburt mit der Mutter des Kindes verheiratet war oder (b) die Vaterschaft anerkannt hat oder (c) durch gerichtliches Urteil (Juristendeutsch: „Statusurteil") als Vater festgestellt ist.

Die künstliche Befruchtung durch Samen eines Verstorbenen ist zwar verboten. Ob er als Vater gelten kann, sollte es dennoch vorkommen, ist derzeit in der Diskussion.

***Verfügung von Todes wegen:*** Oberbegriff zu Testament und Erbvertrag. Mit dem Begriff „letztwillige Verfügung" bezeichnet das Gesetz nur das Testament.

# Gestaltungsmöglichkeiten zu Lebzeiten

## Was geschieht, wenn ich nichts mache? (Gesetzliche Erbfolge)

Wenn Sie nichts tun wollen, denkt sozusagen das Gesetz für Sie. Es tritt die sogenannte gesetzliche Erbfolge ein, die wir zunächst betrachten wollen. Denn wenn Sie von der gesetzlichen Erbfolge nicht abweichen wollen, besteht auch kein Gestaltungsbedarf.

### Wer wird dann Erbe?

Diese Erbfolge bestimmt zum einen, wer Ihr Erbe wird, und dies richtet sich nach Ihren familiären Verhältnissen. Ist unklar, ob eine Ehe wirksam ist oder ein Kindschaftsverhältnis besteht, so muss dies vorab rechtskräftig geklärt werden. Denn erbrechtlich bindend ist nur das rechtlich anerkannte familienrechtliche Verhältnis.

### Ich bin verheiratet und habe keinen Ehevertrag

Dann kommt es darauf an, ob Sie Kinder haben.

**Ich habe Kinder**

Dann erbt Ihr Ehepartner die eine Hälfte Ihres Vermögens und Ihre Kinder teilen sich die andere Hälfte. Bildlich:

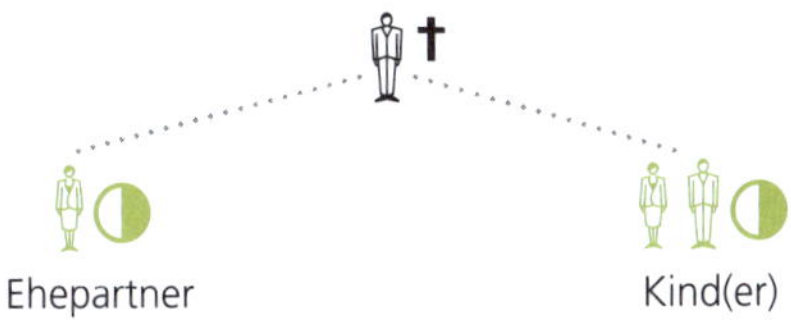


**Ich habe keine Kinder**

Dann kommt es darauf an, ob Ihre Eltern noch leben.

**Beide Eltern leben noch**

Dann erbt die Ehefrau $^{3}/_{4}$ und die Eltern teilen sich das verbleibende Viertel, erhalten also je $^{1}/_{8}$. Bildlich:

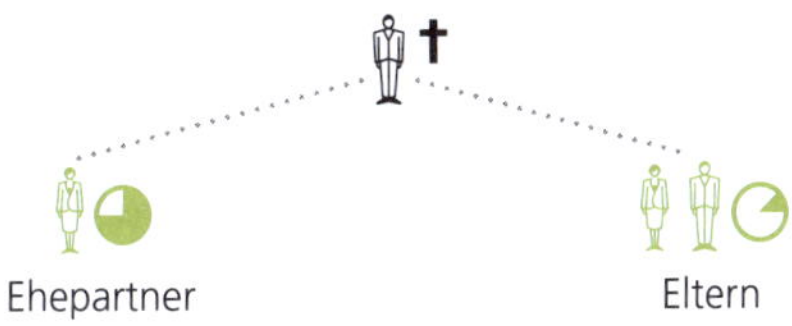


**Ein Elternteil ist bereits verstorben**

Dann kommt es zunächst darauf an, ob Sie Geschwister haben. Das Achtel, wie es auf den vorverstorbenen Elternteil entfällt, geht nämlich zu gleichen Teilen an Ihre Geschwister. Bildlich:

Lebt nur ein Elternteil noch und gibt es keine Geschwister, erbt dieser allein, also $^{1}/_{4}$. Sind beide Eltern vorverstorben, gehen deren Achtel insgesamt an die Geschwister, wiederum zu gleichen Teilen. Bildlich:

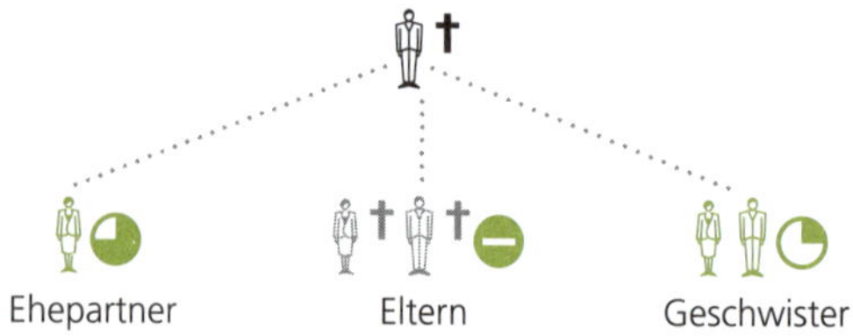


**Es gibt weder Eltern noch Geschwister, es leben aber noch Großeltern**
Die Rechtslage nach § 1931 Absatz 1 Satz 2 BGB, namentlich in dem Fall, dass nicht alle vier Großeltern noch leben, ist derart verwickelt, dass sie hier nicht sinnvoll dargestellt werden kann. Grundsatz: Abkömmlinge weggefallener Großeltern erben nichts, die Anteile weggefallener Großeltern gehen jedoch auf die verbliebenen Großeltern über.

**Beide Eltern sind tot und es gibt weder Geschwister noch Großeltern**
Dann erbt der Ehegatte alles.

**Sonderfall: Ich lebe in Patchworkverhältnissen**
Sie sind beispielsweise wiederverheiratet und bringen wie Ihr Ehegatte Kinder aus einer früheren Verbindung mit; bildlich:

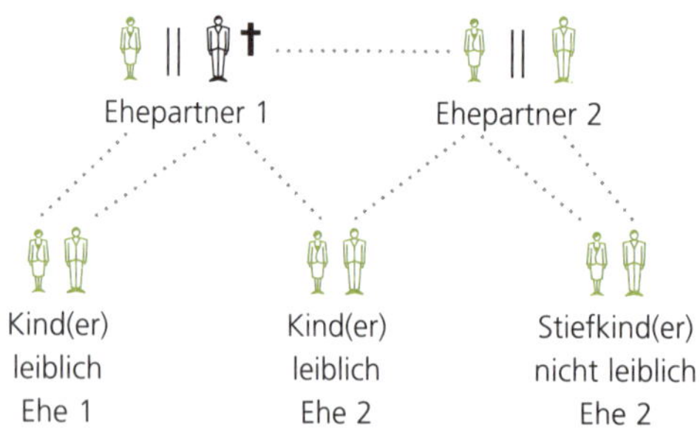

Hier erben die Kinder, die nur von Ihrem Ehepartner herrühren, nichts; und Ihre Kinder erben jeweils gleich und unabhängig davon, aus welcher Verbindung sie kommen. Bildlich:

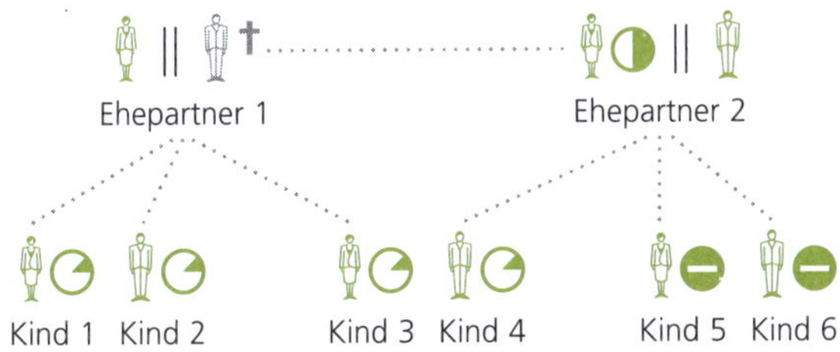


**Sonderfall: Ich habe sogenannte halbbürtige, also Stiefgeschwister**

Nun stirbt ein Bruder kinderlos (ansonsten erben dessen Kinder und Kindeskinder). Ein Beispiel:

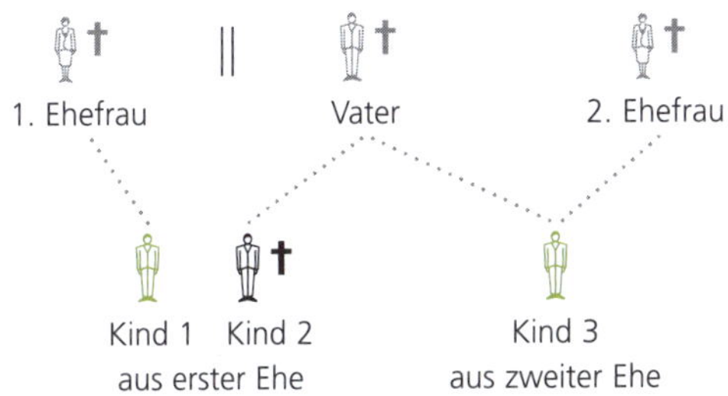


In diesem Fall haben Sohn Nr. 1 und Sohn Nr. 2 denselben Vater und dieselbe Mutter und sind untereinander vollbürtig; Sohn Nr. 3 hat im Verhältnis zu den Söhnen Nr. 1 und 2 nur denselben Vater, ist in diesem Verhältnis also halbbürtig. Stirbt nun Sohn Nr. 2, würde Frau Nr. 1 $1/2$ erben und der Vater $1/2$. Dieser Anteil von Frau Nr. 1 geht komplett an Sohn Nr. 1. Der $1/2$-Anteil des Vaters geht je hälftig an seine beiden verbliebenen Söhne, also Sohn 1 und 3, also:

**Ich bin verheiratet mit Ehevertrag**

Hier kommt es darauf an, welche Art von Vertrag Sie geschlossen haben. In Betracht kommen Gütertrennung und Gütergemeinschaft. (Die Einzelheiten finden Sie im Leitfaden „Familienrecht"; an dieser Stelle sollen nur die erbrechtlichen Konsequenzen aufgezeigt werden.)

**Gütertrennung**

Das Gesetz ordnet an, dass Kinder keine nominell höhere Quote bekommen als der Ehegatte, also Mutter oder (öfters einmal) Stiefmutter. Es unterscheidet deshalb nach der Kinderzahl. Die Erbquote des Ehegatten neben den Kindern beträgt:

| Bei Kinderzahl | 0 | 1 | 2 | 3 oder mehr |
|---|---|---|---|---|
| Erbquote des Gatten | 1/4 | 1/2 | 1/3 | 1/4 |

**Gütergemeinschaft**

Die Quote des Ehegatten beträgt 1/4, unabhängig von der Zahl der Kinder.

**Ich bin ledig (oder geschieden oder verwitwet)**

Hier schließt sich wieder die Frage der Kinder an.

**Ich habe Kinder**

Dann erben die alles; vorverstorbene Kinder werden von deren Kindern beerbt.

**Ich habe keine Kinder**

Dann tritt das Denken des Gesetzes in den sogenannten Ordnungen in Kraft, den Rangklassen des Gesetzes.

**Grundsatz**

Nehmen wir als Beispiel eine kinderlose Frau T, deren Eltern vorverstorben sind; sie war Einzelkind wie all ihre Vorfahren. Ihre vier Großeltern und acht Urgroßeltern leben ebenfalls nicht mehr; bildlich also:

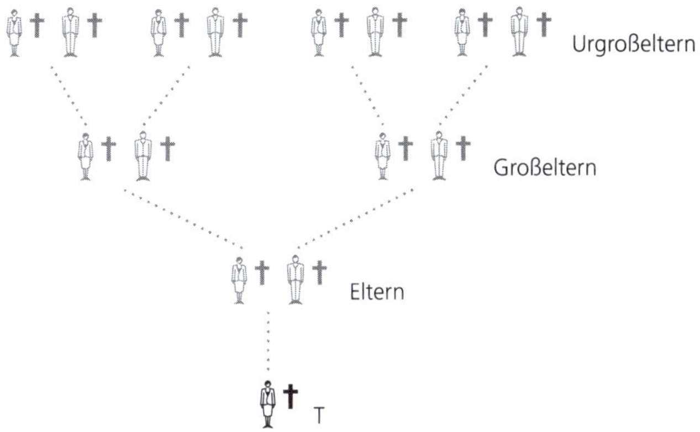


Nach der Denkweise in Ordnungen (Juristendeutsch: „Parentelen") geht man nun so vor, dass in der Reihenfolge der Ordnungen nach lebenden Verwandten gesucht wird:

- Erben **erster Ordnung** sind die Kinder des Erblassers (und neben ihnen der Ehegatte). Wir vermerken bei T Fehlanzeige.
- Erben **zweiter Ordnung** sind die Eltern des Erblassers und deren Abkömmlinge. Wir vermerken bei T: Keine Eltern, keine weiteren Abkömmlinge (also Geschwister, daher: Fehlanzeige.)
- Erben **dritter Ordnung** sind die Großeltern des Erblassers und deren Abkömmlinge. Wir stellen ebenso Fehlanzeige fest.
- Gleiches gilt bei den Urgroßeltern als Erben **vierter Ordnung**.

- Ergibt auch die Nachforschung in den **weiteren Ordnungen** (fünfte und die ferneren) kein Ergebnis, so wird der Staat Erbe. Das Gesetz spricht vom „Fiskus"; gemeint ist das Bundesland, in dem der Verstorbene letzten tatsächlichen Aufenthalt (nicht: rechtlichen Wohnsitz) hatte. Welche Behörde die Funktion des Fiskus wahrnimmt, ist je nach Bundesland, dort zuweilen sogar innerhalb der Bezirke unterschiedlich. Meist sind die staatlichen Vermögensämter zuständig.

## Erbtantenfälle

Denken wir uns nun lebende Abkömmlinge von Voreltern hinzu, etwa wie folgt (aus Platzgründen sind die Kinder unehelich):

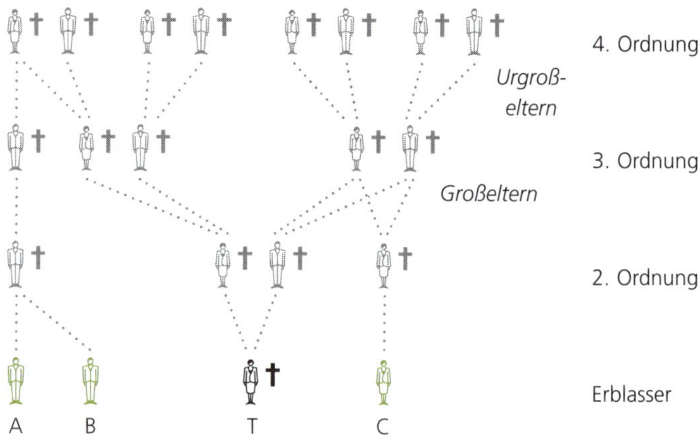


(1. Ordnung nicht belegt)

Wie Sie sehen, stammen A und B, von T aus gesehen, von Verwandten vierter Ordnung ab, nämlich von den Urgroßeltern her, sind mit T also erst durch Vermittlung der Urgroßeltern verwandt. C indessen stammt von der Tante der T ab, ist also vermittelt durch die Großeltern mit ihr verwandt und gehört demnach der dritten Ordnung an („Großeltern des Erblassers und deren Abkömmlinge"). Da ein Abkömmling der jeweiligen Ordnung alle Abkömmlinge fernerer Ordnungen von der Erbfolge ausschließt, erbt C also alles.

**Vorsicht im Scheidungsfall**

Eine katastrophale Situation hatte ein bekanntes deutsches Industrieunternehmen in folgendem Fall zu bewältigen: Einer Mitgesellschafterin war es nach langem Scheidungskrieg durch hohe Abfindungszahlung gelungen, den Ehemann loszuwerden, mit dem sie eine gemeinsame Tochter hatte, bildlich also

Nun starb zuerst die geschiedene Ehefrau und sodann kurz danach die minderjährige Tochter. Der Firmenanteil der Ehefrau war auf die Tochter als Alleinerbin übergegangen, und diese wurde mangels Testaments vom Vater, also dem geschiedenen Ehemann, allein beerbt. Dieser saß nun kraft Erbgangs als Mitgesellschafter im Unternehmen, wo die Freude naturgemäß groß war.

Sie sollten als Geschiedener also stets im Hinterkopf behalten, dass der geschiedene Gatte – vermittelt durch Kinder – erbrechtlich latent mit Ihnen verbunden bleibt.

**Was wird vererbt? – Rechtsbeziehung mehrerer Erben untereinander**

Das Gesetz bestimmt zum andern, welche Rechtsbeziehungen, also Rechte und Pflichten des Verstorbenen auf den oder die Erben übergehen, und weiter, welche Rechte die mehreren Erben untereinander haben.

**Vererbt werden alle Rechtsbeziehungen des Verstorbenen**
Man sollte sich als Grundsatz einprägen: Der Erbe tritt in alle Rechte und Pflichten des Verstorbenen ein, wie sie diesem am Todestag zukamen, und zwar von selbst, automatisch. Hierzu einige Einzelheiten:

- Hatte der Erblasser Grundvermögen, so wird das Grundbuch mit dem Tod, durch den Erbgang, unrichtig. Die Erben müssen also nicht eigens zum Notar, um das Grundvermögen auf sich umschreiben zu lassen. Vielmehr genügt ein Grundbuchberichtigungsantrag unter Vorlage des Erbnachweises.
- Mietverträge, die der Verstorbene als Mieter geschlossen hatte, können durch den Erben entweder gekündigt oder durch Familien- oder Hausangehörige fortgesetzt werden.
- Laufende Unterhaltsansprüche erlöschen, jedoch nicht die Rückstände bis zum Todestag. Ausnahme ist der Unterhaltsanspruch des geschiedenen Ehegatten, für den der Nachlass bis zur Höhe des fiktiven Pflichtteils haftet.
- Höchstpersönliche Rechte und Pflichten gehen nicht über. Die Verpflichtungen aus einem Arbeits- oder Dienstverhältnis beispielshalber erlöschen. Was ist aber mit den Rechten, etwa aus nicht genommenem Urlaub? Muss der Arbeitgeber ein Arbeitszeitkonto finanziell ausgleichen, wenn der Arbeitnehmer in der Ansparphase verstirbt? Hierzu sollten Sie Rat einholen.
- Ebenso erlöschen Vollmachten, wenn der Verstorbene Bevollmächtigter war. Die von ihm selbst erteilten Vollmachten bestehen indessen fort, wenn er nichts anderes angeordnet hat.
- Versicherungsverträge, wenn sie nicht persönliche Risiken des Erblassers wie zum Beispiel Berufshaftpflicht abdecken (also insbesondere Kfz-Haftpflicht-, Hausrat-, Gebäudeversicherung), gehen auf die Erben über. Bevor Sie den Vertrag über eine Kfz-Versicherung kündigen, sollten Sie versuchen, die Prozente des Erblassers („Schadensfreiheitsrabatt") für sich zu retten.

- Auskunfts- und Einsichtsrechte, die der Erblasser gegenüber Versicherungen und Banken hatte, gehen auf die Erben über. Diese sind den Erben gegenüber also prinzipiell verpflichtet, über den gesamten Umfang der Geschäftsbeziehung Auskunft zu erteilen und Belege herauszugeben. Ob Ärzte oder Krankenhäuser, die den Verstorbenen behandelt haben, gegenüber den Erben unter Verschwiegenheitspflicht stehen, oder ob sie den Erben Auskunft und Einsicht in Krankenunterlagen gewähren müssen, ist umstritten. Von Vererblichkeit wird man auszugehen haben, wenn Vermögensbelange betroffen sind.
- Ebendies gilt für die Auskunftspflicht von Notaren hinsichtlich der Hergänge bei der Beurkundung des Testaments, wenn beispielsweise die Testierfähigkeit in Zweifel steht.
- War der Erblasser an einem Unternehmen beteiligt, so ist stets vorrangig zu prüfen, welche Nachfolgeregelung der Gesellschaftsvertrag vorsieht. In Betracht kommen Auflösungsklausel (mit dem Tod endet die Gesellschaft), Fortsetzungsklausel (Gesellschaftsanteil geht auf die übrigen Gesellschafter über, die die Erben sodann abfinden müssen), Nachfolgeklausel (Gesellschaftsanteil geht auf die Erben über), qualifizierte Nachfolgeklausel (Gesellschaftsanteil geht auf bestimmte, beispielsweise besonders befähigte Erben über), Eintrittsklausel (bestimmte Erben erhalten nur das Recht, in die Gesellschaft einzurücken). Die Materie ist außerordentlich komplex und ohne besondere Beratung werden Sie in solchen Fällen nicht weiterkommen.
- Bestattungsart und -ort sowie Grabgestaltung bestimmen entgegen dem Grundsatz nicht die Erben, sondern die nahen Angehörigen, vorrangig der Ehegatte oder Lebenspartner, danach die Kinder, danach die Eltern, danach die Geschwister.

### Rechte mehrerer Erben untereinander

Mehrere Erben bilden eine Erbengemeinschaft. Diese Gemeinschaft bezieht sich auf den (zunächst ja ungeteilten) gesamten Nachlass.

Den Mitgliedern dieser Gemeinschaft gehört von den Nachlassgegenständen hierbei nichts in dem Sinne, wie Ihnen beispielshalber ein Fahrrad gehört. Die Miterben stehen vielmehr vor der Aufgabe, hinsichtlich eines jeden Nachlassgegenstandes eine Regelung zu treffen, sich im Hinblick auf ihn „auseinanderzusetzen". Die Erbengemeinschaft ist eine Gemeinschaft zur Verwaltung und – zum Schluss – Auseinandersetzung, also Teilung des Nachlasses. Kein Miterbe kann über einzelne Nachlassgegenstände ohne Einwilligung der anderen verfügen, auch nicht über seinen Anteil an Einzelgegenständen; ist er beispielshalber Miterbe zu 1/4, kann er von der Bank nicht anteilige Auszahlung des Erblasserguthabens verlangen. Den Erbteil selbst kann er allerdings veräußern. Dabei kommt den übrigen Miterben ein Vorkaufsrecht zu; Zweck: sie sollen verhindern können, dass ein Fremder in ihre Gemeinschaft gelangt.

Nehmen Sie als Beispiel den Standardfall der Erbengemeinschaft – ein Mann stirbt unter Hinterlassung von Frau und zwei volljährigen Kindern mit jeweils eigenem Hausstand. Das Auto ist in bürgerlichen Verhältnissen auf den Mann geschrieben, das Hausgrundstück auf Mann und Frau zu je 1/2, ebenso das Girokonto, das Sparbuch und das Festgeld. Damit entsteht eine Erbengemeinschaft folgender Spezifikation:

**Beispiel** *Die Witwe fährt ein Auto, das der Erbengemeinschaft gehört; im Fahrzeugschein steht bis zur Auseinandersetzung und Umschreibung der Verstorbene.*
*Die Witwe bewohnt ein Hausgrundstück, das zur Hälfte ihr allein gehört und zur anderen Hälfte der Erbengemeinschaft, an der sie wiederum hälftigen Anteil hat. Dies bedeutet, dass man es rechtlich mit zwei Gemeinschaften zu tun hat: zum einen mit der Gemeinschaft der Eigentümer des gesamten Grundstücks, bestehend aus der Witwe und der Erbengemeinschaft zu je 1/2, zum andern mit der Erbengemeinschaft, die in den hälftigen Anteil des Verstorbenen eingerückt ist. Soll nunmehr in der übergeordneten, also der Grundstücksgemeinschaft, eine Abstimmung stattfinden, muss zunächst die Erbengemeinschaft abstimmen, wie in dieser Abstimmung abgestimmt werden soll.*

*Die Witwe hat unverändert einen hälftigen Anteil an den gemeinschaftlichen Bankguthaben. In den Anteil des Verstorbenen ist die Erbengemeinschaft eingerückt, an der sie wiederum gesetzlich mit $^1/_2$ beteiligt ist.*

Die Erbengemeinschaft ist nun sozusagen verschärft demokratisch verfasst. Denn die Verwaltung des Nachlasses erfolgt nach Gesetz gemeinschaftlich, damit ist prinzipiell Einstimmigkeit für jede Maßnahme erforderlich. Eine Abweichung vom Grundsatz der Einstimmigkeit besteht nur für Beschlüsse, die die „ordnungsgemäße Verwaltung und Benutzung" des Nachlasses betreffen; hier gilt Stimmenmehrheit, wobei für das Gewicht der Stimme die Erbquote maßgeblich ist. Legt es ein Mitglied der Erbengemeinschaft auf Blockade an, bedeutet dies im vorliegenden Fall Folgendes:

**Beispiel** *Der Blockierer wird verlangen, dass niemand mehr mit dem Auto fahren dürfe, es sei denn, es werde der Erbengemeinschaft eine angemessene Nutzungsentschädigung gezahlt. Denn das Nutzungsrecht stehe jedem Miterben zu.*
*Für die Nutzung des Anteils an der Erbengemeinschaft an der Immobilie verlangt er von der Witwe ebenfalls eine solche Zahlung. Zugleich verlangt er Veräußerung der Immobilie durch Einschaltung eines Maklers.*
*Bevor nicht geklärt ist, wie die Guthaben aufgeteilt werden sollen, lässt er keine Kontenbewegungen mehr zu. Die Auseinandersetzung des Geldvermögens stellt er unter die Bedingung, dass zuvor die Immobilie und das Auto verkauft wurde, der gesamte Nachlass also nur noch aus Geld besteht und somit teilbar ist. Dies bedeutet, dass im Zweifel noch nicht einmal mehr die Beerdigungskosten von dem Girokonto bezahlt werden können. (In dieser Hinsicht ist die Praxis der Sparkassen vorbildlich, die in der Regel derartige Zahlungen vom Erblasserkonto auf Nachweis zulassen, ohne dass alle Miterben formell zugestimmt haben, während Sie bei Privatbanken ebenso regelmäßig auf pietätlosen Formalismus stoßen.)*

Die Gefahr, dass ein einzelnes Mitglied der Erbengemeinschaft die laufende Verwaltung lähmt und die Auseinandersetzung auf längere Zeit blockiert, ist groß. Die Maßnahmen, dem durch geeignete Verfügungen gegenzusteuern, werden sogleich besprochen, die Möglichkeiten der Miterben bei bereits entstandener Erbengemeinschaft im zweiten Teil.

## Ist die Errichtung einer Verfügung von Todes wegen angeraten?

Erscheint Ihnen die gesetzliche Erbfolge zu pauschal und holzschnittartig, insbesondere unter Berücksichtigung der im Zweifel kaum handhabbaren Verhältnisse im Rahmen einer Erbengemeinschaft, so steht Ihnen statt der gesetzlichen die (Juristendeutsch) gewillkürte Erbfolge zur Verfügung, Stichwort: Testament. Denn es unterliegt prinzipiell Ihrer Willkür, Ihrem freien Willen, wen Sie bedenken, womit und mit welchen Beschränkungen.

### Was kann ich durch ein Testament überhaupt anordnen?

Das Gesetz stellt Ihnen hierzu eine Anzahl von, nennen wir es: Instrumenten zur Verfügung, nämlich Erbeinsetzung/Enterbung, Vermächtnis, Auflage, Vor- und Nacherbschaft und Testamentsvollstreckung; ferner, in eher seltenen Fällen, Pflichtteilsentziehung sowie Pflichtteilsbeschränkung in guter Absicht; schließlich können Sie bei Vorhandensein minderjähriger Kinder auf das Sorgerecht nach Ihrem Tode sowie die Vermögensverwaltung Einfluss nehmen.

### Erbeinsetzung

Erbeinsetzung bedeutet juristisch die Vererbung eines bestimmten Anteils an Ihrem unspezifizierten Gesamtvermögen. Ist dieser Anteil 100 %, so liegt Alleinerbschaft vor, ist er 0 %, bedeutet das Enterbung (hierzu unten S. 25), und bei allen anderen Quoten spricht man vom Erbteil. Dieser kann als Dezimalbruch ausgedrückt werden ($^1/_3$) oder als Prozentquote. Wollen Sie keinen solchen Vermögensbruchteil aussetzen, sondern einen konkreten Einzelgegenstand, so liegt keine Erbeinsetzung vor, sondern ein Vermächtnis.

Vermeiden Sie deshalb missverständliche Formulierungen, insbesondere Mischformen, beispielsweise *„Meinem Sohn A vererbe ich die Hälfte meines Barvermögens"*, wenn Ihnen außer Barvermögen nichts Nennenswertes gehört. Verwenden Sie, wenn Sie eine solche Quote am Nachlass zuwenden wollen, möglichst das Wort „Erbe", und das Wort „Vermächtnis" nur dann, wenn es Ihnen um die Zuwendung eines einzelnen Gegenstands geht.

Verteilen Sie Ihr Vermögen auf diese Weise allein nach Quoten und damit mehreren Erbteilen, so entsteht zwingend eine Erbengemeinschaft, die wir oben schon besprochen hatten.

**Wer soll etwas bekommen?**
Zunächst fragen Sie sich vermutlich, wen Sie bedenken wollen.

**Grundsatz**
Hierbei gilt: Sie sind in der Auswahl derer, die Sie beerben sollen, völlig frei. Insbesondere sind Sie nicht an die gesetzliche Erbfolge gebunden. Sie können lebende Menschen (Juristendeutsch: „natürliche Personen") oder (Juristendeutsch) „juristische Personen" einsetzen, also Stiftungen, Vereine, Aktiengesellschaften usw.

Finden Sie, nachdem Sie tief in sich gegangen sind, dass Ihre Skatbrüder Ihnen über die Jahre mehr Vergnügen bereitet haben als Frau und Kind, so schreiben Sie auf einen Zettel:

**Beispiel** *„Mein letzter Wille! Zu meinem alleinigen Erben setze ich ein den Skatclub ‚Schiebe-Ramsch Boppard von 1903 e.V.' (Datum und Unterschrift)."*

Damit ist automatisch eine Enterbung Ihrer Nächsten verbunden, da diese nichts erben, wenn jemand anderer Alleinerbe wird.

Die angefügte Klausel

*„Meine nichtswürdige Familie soll nichts bekommen und schauen, wie sie weiterkommt, weil sie mich wegen meiner Skatleidenschaft stets verspottet hat!"*

hätte also nur klarstellende Funktion.

**Identifizierbarkeit**
Bedenken Sie den Grundsatz: Das Gesetz sieht keine Nachlässe ohne Träger vor. Es muss idealerweise sofort feststellbar sein, wer Erbe geworden ist. Jede Unklarheit führt im Zweifel vor Gericht. Sie sollten also Sorge tragen, dass man den Bedachten aus Ihrem Testament sogleich eindeutig identifizieren kann. Der Erbe muss zumindest bestimmbar sein. Beim eingetragenen Verein, wie oben, ist dies unproblematisch; er steht im Register, hat einen Vorstand, man kann jemanden ansprechen.

Besteht Ihre Skatrunde jedoch aus ständig wechselnden Mitgliedern einer Thekenmannschaft, würde es beispielsweise nicht ausreichen, wenn Sie schrieben:

*„Zu meinem alleinigen Erben setze ich ein die Dienstags-Skatrunde im Lokal ‚Grüner Baum' in Boppard,"*

weil diese Runde keine eigene Rechtspersönlichkeit hat und man im Zweifel auch nicht rekonstruieren kann, wen Sie zum Zeitpunkt Ihrer Niederschrift gemeint haben. Unklar ist daher trotz des auf ersten Besicht eindeutigen Wortlauts auch die Klausel

*„Ich setze alle meine Enkel ein."*

Sind damit nur die zum Todeszeitpunkt noch lebenden Enkel gemeint? Was ist mit Großenkeln, wenn ein Enkel vorverstorben ist? Sollen diese nichts erhalten? Bezeichnen Sie also alle Bedachten einzeln und konkret; verwenden Sie volle Namen, im idealen Falle auch Geburtsdaten. Vermeiden Sie auch sonst jede Mehrdeutigkeit.

Schreiben Sie nicht:

*„Zu meinem alleinigen Erben setze ich ein den netten jungen Mann mit der Sammelbüchse der Caritas, der jeden Freitag auf dem Wochenmarkt steht",*

weil sonst unklar ist, ob Sie dem netten jungen Mann etwas Gutes tun wollen oder nicht vielmehr doch dem Eigentümer der Sammelbüchse. Wenn Sie Institutionen bedenken möchten, erkundigen Sie sich möglichst nach der Rechtsform. (Sie sollten auch überlegen, ob Ihre Gabe dort willkommen ist. Die Kirche nimmt alles, auch Anteile von Ackergrundstücken, während die großen Hilfsorganisationen derartige Nachlässe erfahrungsgemäß durch Ausschlagung zurückweisen, weil ihre Verwaltungen oft nicht mit sonstigen Wertgegenständen umzugehen gelernt haben.) Schreiben Sie nicht:

*„Ich setze denjenigen zu meinem alleinigen Erben ein, der sich um mein Grab kümmert",*

denn dann kümmern sich bei entsprechend reichhaltigem Nachlass im Zweifel plötzlich sehr viele Interessenten um Ihr Grab, und wer ist Erbe in der Zeit, bis geklärt ist, welchen von den Vielen Sie gemeint haben könnten? Der Tchibo-Gründer Max Herz, als weiteres schlechtes Beispiel, starb 1965 unter Hinterlassung eines Testaments, wonach von den fünf Kindern „zwei meiner fähigsten Jungen" die Mehrheit am Unternehmen erhalten sollten; die Geschwister streiten bis heute.

**Ersatzerben**

Regeln Sie auch den Fall, dass der von Ihnen Bedachte vor Ihnen stirbt oder das Erbe ausschlägt. Bestimmen Sie für diesen Fall einen Ersatzerben. Er kommt zum Zuge, wenn der ursprünglich Bedachte den Erbfall nicht erlebt oder ausschlägt. Nehmen Sie den Fall eines kinderreichen Sohnes A und eines zeugungsunfähigen Sohnes B.

**Beispiel** *„Ich setze meine Söhne A und B zu meinen alleinigen Erben ein. Ersatzerbe für A sind dessen Kinder C bis H, Ersatzerbe für B ist sein Bruder A."*

Sie könnten hierbei für den Fall, dass auch die Enkel C bis H nicht zum Zuge kommen, weitere Ersatzerben bestimmen, und zwar prinzipiell bis ins Unendliche. Regeln Sie an diesem Punkt nichts, so erhalten die übrigen Bedachten dessen Erbteil nach dem Verhältnis ihrer Erbteile (Juristendeutsch: „Anwachsung").

**Beispiel** *Eingesetzt sind A zu $^1/_2$, B zu $^1/_4$ und C zu $^1/_4$. C schlägt sein Viertel aus. Das Verhältnis der Erbteile von A und B ist $^2/_4 : {}^1/_4$, also 2 : 1, womit sich das Viertel von C auf A zu $^2/_3$ und auf B zu $^1/_3$ verteilt.*

Weitere Besonderheit: Der angewachsene Erbteil verschmilzt nicht mit dem anderen zu einer Einheit, sondern gilt als (Juristendeutsch) „besonderer Erbteil". Man kann ihn also selbständig ausschlagen oder verkaufen usw.

## Wen Sie in keinem Fall einsetzen dürfen

Es gibt Personen, denen Sie wirksam nichts zuwenden können, weil der Gesetzgeber die Gefahr einer Interessenkollision sieht. Hier sind drei Bereiche anzusprechen:

- Wer an der Dokumentation einer letztwilligen Verfügung (Testament oder Erbvertrag) mitgewirkt hat, scheidet als Zuwendungsempfänger aus. Gemeint sind Notare und hinzugezogene Dolmetscher, der Bürgermeister beim Bürgermeistertestament und die Zeugen beim Drei-Zeugen-Testament; ferner Verwandte und Verschwägerte und die Ehegatten dieser Personen.
- Ebenso ist unwirksam eine Verfügung, die ein Heimbewohner zugunsten des Trägers des Heims oder der Heim-Mitarbeiter trifft. Dies gilt auch für Kinder des Heimleiters oder seine Ehefrau.
- Beamte dürfen keine Belohnungen annehmen, auch nicht durch letztwillige Verfügung; ebenso Zivildienstleistende.

- Das „Mätressentestament", wonach es sittenwidrig sein sollte, unter Ausschließung von Frau und Kind eine Geliebte einzusetzen, ist durch Änderung der einschlägigen Rechtsprechung bzw. mit Inkrafttreten des Prostitutionsgesetzes gegenstandslos geworden.

**Welche Quote will ich zuwenden?**
Zum anderen müssen Sie entscheiden, was Sie vererben wollen.

**Richtig rechnen**
Hierzu hatten wir gesehen: Durch Erbeinsetzung können Sie nur die Bruchteile der Erbberechtigung bestimmen, also „was" nur im Sinne von „wie viel". Die Summe dieser Bruchteile sollte, wenn möglich, mathematisch jeweils 100 % bzw. $1/1$ ergeben. Testamente wie:

*„Meine Ehefrau soll $1/3$ erhalten, mein Sohn A ebenfalls $1/3$, mein Sohn B, der mich im Krankenhaus nie besucht hat, nur $1/8$, und meine Enkel C und D jeweils $1/4$"*

werfen in der Praxis gewisse Probleme auf.

Noch komplizierter wird es, wenn Sie im Testament ausdrücklich nur über einen Teil Ihres Vermögens verfügen, etwa mit dem schlichten Wortlaut:

*„Letzter Wille! Mein Sohn A soll $1/4$ meines Vermögens erhalten (Datum und Unterschrift)."*

Hier ist unklar, was mit dem nicht angesprochenen Rest von $3/4$ geschehen soll. Hinterlassen Sie einen weiteren Sohn B und eine Ehefrau, so tritt hinsichtlich dieser $3/4$ gesetzliche Erbfolge ein. Bezogen auf das Gesamtvermögen erhielten dann A $1/4 = 4/16$, die Ehefrau $3/4 \times 1/2 = 3/8 = 6/16$, B $3/4 \times 1/4 = 3/16$ und A weitere $3/4 \times 1/4 = 3/16$, zusammen $16/16$; hiervon A also $4/16 + 3/16 = 7/16$ und damit mehr als die Mutter. Doch war dies Ergebnis mit der Formulierung gewollt? Oder sollte nur klargestellt sein, dass A jedenfalls sein Viertel erhalten solle, das ihm nach Gesetz ohnehin zustünde?

**Erbteile aus steuerlichem Grund stückeln?**

In der Praxis werden bisweilen ein und derselben Person mehrere Erbteile zugewandt, die je nach Bedarf und flexibel einzeln ausgeschlagen werden können, um Freibeträge gezielt auszunutzen.

**Beispiel** *Es werden zehn Erbteile zu je 10 % gebildet. Hiervon wendet der Erblasser sechs seiner Ehefrau zu und je zwei seinen beiden Kindern. Die Ehefrau könnte nun beispielshalber zwei davon ausschlagen, womit sie hälftig an die Kinder fielen, und diese könnten wiederum ausschlagen, womit sie an ihre eigenen Kinder fallen und deren Freibeträge ausgenutzt werden können.*

**Den Erben und die Quote selbst bestimmen**

Keinesfalls dürfen Sie die Bestimmung des Erben oder der Erbteile nicht einem anderen überlassen. Die folgende Testamentsklausel wäre unwirksam:

*„Mein bester Freund Willi, der eine viel bessere Menschenkenntnis hat als ich, soll nach meinem Tod bestimmen, wer meine Habe bekommen soll und wie viel davon."*

**Bedingungen**

Sie können die Erbeinsetzung unter Bedingungen stellen.
Mit den Bedingungen will der Erblasser regelmäßig auf das Verhalten des Bedachten Einfluss nehmen. Hier liegt naturgemäß die Vermutung nahe, dies Verhalten solle quasi erkauft werden, wodurch man zur ebenso naheliegenden Frage einer Sittenwidrigkeit geleitet wird. Sittenwidrigkeit liegt sicher vor, wenn Heirat einer bestimmten Person oder Scheidung von einer solchen oder ein Konfessionswechsel zur Bedingung erhoben werden. Nehmen Sie jedoch als Beispiel folgende Erbeinsetzung:

*„Ich setze meinen Sohn A zum Alleinerben ein unter der Bedingung, dass er das Metzgerhandwerk ergreift und als Meister meinen Betrieb hier am Ort fortführt. Wenn nicht, soll die Handwerkskammer Alleinerbe werden und mein Sohn nur den Pflichtteil erhalten."*

Kommt man hier zum Ergebnis, der auf A ausgeübte Druck sei so groß, dass seine Freiheitsrechte beeinträchtigt sind, so würde man zur Nichtigkeit gelangen müssen.

Das Gesetz unterscheidet zwei Arten, auflösende und aufschiebende.

**Auflösende Bedingung**
Erbeinsetzung unter auflösender Bedingung bedeutet, dass der Bedachte zunächst Erbe wird, nach Eintritt der auflösenden Bedingung die Erbschaft aber wieder verliert. Formulieren Sie also

*„Mein Sohn Carlo soll Alleinerbe werden, die Erbschaft aber verlieren, wenn er sich wieder erwischen lässt und ins Gefängnis kommt,"*

so ist mit Strafantritt die Bedingung eingetreten und Carlo verliert die Erbenstellung, und zwar ohne weiteres Zutun von selbst.

**Aufschiebende Bedingung**
Erbeinsetzung unter aufschiebender Bedingung bedeutet, dass der Bedachte erst Erbe wird, wenn die Bedingung eintritt:

**Beispiel** *„Mein Sohn Carlo soll erst Alleinerbe werden, wenn er aus dem Gefängnis freigekommen ist."*

Bis man Klarheit hat, ob und wann die Bedingung eintritt, befindet man sich also in einem rechtlichen Schwebezustand. Da es keinen Nachlass ohne Träger geben darf, hilft man sich in dieser Situation damit, den eingesetzten Erben als Nacherben anzusehen und die gesetzlichen Erben als Vorerben (zu dieser Gestaltungsmöglichkeit näher unten). Mit Freilassung tritt der Nacherbfall ein und Carlo könnte den Nachlass für sich beanspruchen.

Wie Sie sehen, sind Bedingungen prinzipiell problematisch. Nehmen Sie daher möglichst Abstand, die Erbeinsetzung unter Bedingungen zu stellen.

### Streit vermeiden

Um Streit oder Blockade unter den Beteiligten einer Erbengemeinschaft zu verhindern, stehen Ihnen prinzipiell das Instrument der Teilungsanordnung sowie die Anordnung zu Gebote, dass die Auseinandersetzung betreffend bestimmte Nachlassgegenstände ausgeschlossen sein solle.

**Beispiele**

*Beiden Kindern ist eins Ihrer Kunstwerke ans Herz gewachsen. Einigen sie sich nicht, wer es bekommen soll, muss es im Zweifel versteigert werden. Durch Teilungsanordnung können Sie zuordnen, wer es erhalten soll; damit kann von vornherein kein Streit aufkommen.*

*Wollen Sie beispielsweise, dass das Haus der Voreltern im Besitz der Familie bleibt, so ordnen Sie den Ausschluss der Auseinandersetzung an. Dies hat Wirkung für maximal dreißig Jahre, es sei denn, Sie knüpfen das Verbot an ein Ereignis in Person eines Miterben, an eine Nacherbfolge oder den Anfall eines Vermächtnisses (näher § 2044 BGB).*

### Was Sie keinesfalls ins Testament schreiben sollten

Schreiben Sie nicht in Ihr Testament

*„Ich wünsche verbrannt zu werden"*

oder dergleichen. Denn wenn Ihr Testament eröffnet wird, sind Sie im Zweifel seit vier Wochen unter der Erde, und zwar im Wortsinne.

Ebenso fatal, aus dem gleichen Grund, sind Anordnungen wie

*„Ich wünsche keine lebensverlängernden Maßnahmen".*

Vermeiden Sie auch Generalabrechnungen im Testament nach dem Motto: „Was ich euch schon längst einmal sagen wollte". Das führt nur dazu, dass es im Zweifel verschwindet, wenn es ein Getroffener als Erster findet. All dies ist leider gängige Praxiserfahrung.

### Enterbung und Pflichtteil

Enterbung bedeutet, dass Sie jemanden, der nach gesetzlicher Erbfolge Ihr Erbe werden würde, hinter seine nach dem Gesetz begründete Position zurücksetzen. Sind Sie beispielsweise verwitwet und haben zwei Söhne, so hat jeder Sohn einen gesetzlichen Erbteil von $^{1}/_{2}$. Setzen Sie einen Sohn ganz auf null oder auf $^{1}/_{8}$, so ist er enterbt oder teilweise enterbt.

Ihr Testament kann zulässigerweise ausschließlich darin bestehen, dass Sie einen gesetzlichen Erben enterben. Denken Sie an die Trennungssituation von Ehegatten: Hier würde die Anordnung ausreichen: Meinen Ehegatten XY enterbe ich.

Die Enterbung bezieht sich im Regelfall nur auf den konkret bezeichneten Enterbten, nicht auch und automatisch auf dessen Abkömmlinge. Legen Sie Wert darauf, den gesamten Stamm zu enterben, so sollten Sie dies zum Ausdruck bringen.

### Konsequenz: Pflichtteil

Gehört der Enterbte zum Kreis der pflichtteilsberechtigten Personen, so hat er gegen den Erben einen Pflichtteilsanspruch.

### Wer bekommt den Pflichtteil?

Pflichtteilsberechtigt sind, nach gesetzlicher Erbfolge,

- in erster Linie Abkömmlinge (also Kinder und Kindeskinder), auch nichteheliche und adoptierte,
- neben ihnen der Ehegatte,
- in zweiter Linie die Eltern, wenn also keine – ihnen vorrangigen – Abkömmlinge vorhanden sind, hierzu oben S. 5. (Der Fall, dass zwar Kinder vorhanden sind, diese aber ausschlagen oder auf ihr Erbrecht verzichtet haben oder für erbunwürdig geklärt sind, wirft derart diffizile Probleme auf, dass auf die anwaltliche Beratung verwiesen werden muss.)

- keinen Pflichtteilsanspruch haben dagegen Geschwister, geschweige denn entferntere Verwandte.

## Woraus besteht der Pflichtteil?

Anders als der Erbteil, der mit dem Tod von selbst auf den Erben übergeht, besteht der Pflichtteil in einem Geldanspruch gegen den oder die Erben, der bei diesen angemeldet und erforderlichenfalls eingeklagt werden muss. Der Geldanspruch ist sofort fällig und kann nur unter sehr strengen Voraussetzungen gestundet werden. Er beträgt die Hälfte des Wertes des gesetzlichen Erbteils.

**Beispiel** *War der Erblasser im gesetzlichen Güterstand verheiratet und hatte zwei Söhne, von denen der eine enterbt ist, so stünde diesem 1/4 Erbteil und steht ihm damit 1/8 Pflichtteil zu. Besteht nun der maßgebliche Vermögensgegenstand im Alleineigentum an einem Hausgrundstück, das der Verstorbene mit der Ehefrau bewohnte, Wert: 200.000 EUR, und gingen die Barmittel mit den Beerdigungskosten auf, so ist die Erbengemeinschaft aus Mutter und Bruder mit einem sofort fälligen Geldanspruch in Höhe von 200.000 : 8 = 25.000 EUR belastet, die nicht vorhanden sind und somit darlehensweise oder durch beschleunigten Verkauf des Hauses beschafft werden müssten.*

## Woraus errechnet sich der Pflichtteil?

Grundsatz: Nettonachlass zum Todestag. Berechnungsbasis für den Betrag des Pflichtteils ist der sogenannte Rein- oder Nettonachlass. Er besteht aus dem positiven Vermögen des Erblassers zum Todestag abzüglich der Beerdigungskosten, der Schulden des Erblassers und der Nachlassverwaltungskosten (Erbscheinsgebühren und dergleichen). Vermächtnisse und Auflagen sind an dieser Stelle nicht abziehbar; ferner nicht die Grabpflegekosten.

Pflichtteilsergänzung wegen Schenkungen. Damit der Erblasser sich zu Lasten der Pflichtteilsberechtigten nicht vor seinem Tode „arm machen" kann, indem er Vermögen herschenkt, ordnet das Gesetz an, dass Pflichtteil auch aus dem Wert der Schenkungen zu zahlen ist, die der Erblasser in den letzten zehn Jahren vor seinem Tode vorgenommen hat – und bei Schenkungen an den Ehegatten läuft diese Frist erst ab Auflösung der Ehe, also Rechtskraft der Scheidung. Der Wert solcher Schenkungen wird hierbei auf den Geldeswert zum Todestag hochgerechnet (Juristendeutsch: indexiert; es gilt derzeit der Verbraucherpreisindex 2005 = 100, aktuell unter „Preise" bei www.destatis.de, Statistisches Bundesamt).

**Beispiel** *Ein Witwer hat zwei Söhne A und B und stirbt 2007. Im Jahre 1998 hat er dem Sohn A 20.000 DM geschenkt; B hat kein solches Geschenk erhalten. A ist Alleinerbe, B enterbt. Der Nachlass am Todestag besteht aus folgenden Positionen:*

*Familienheim 150.000 EUR, Sparbuch 20.000 EUR, Girokonto 5.000 EUR, Beerdigungskosten 10.000 EUR, restliche Bankschulden auf der Immobilie 30.000 EUR. Der Nettonachlass beträgt also 135.000 EUR.*

*Hinzu kommt die Schenkung von 20.000 DM, auf Geldeswert 2007 hochgerechnet (indexiert) mit 90,9/103,9, entsprechend 22.900 DM, entsprechend 11.700 EUR. Sohn B hat dann einen Geldanspruch gegen seinen Bruder A von 1/4 aus 135.000 EUR + 11.700 EUR = 146.700 EUR, also 36.675 EUR.*

*Hat B allerdings selbst ein Geschenk erhalten, wird ihm dies auf den Ergänzungsanspruch angerechnet. Bei 3.000 EUR Schenkung kurz vor dem Tode ist zweistufig zu rechnen: Zunächst der (Juristendeutsch) ordentliche Pflichtteil ohne Berücksichtigung von Geschenken, also 135.000 EUR : 4 = 33.750 EUR. Sodann die Pflichtteilsergänzung unter Berücksichtigung aller Geschenke: 11.700 EUR + 3.000 EUR = 14.700 EUR : 4 = 3.675. Hierauf werden die 3.000 EUR Eigengeschenk angerechnet, so dass sich ein Restanspruch ergibt von 675 EUR, Gesamtanspruch also 33.750 EUR + 675 EUR = 34.425 EUR.*

**Wichtig:** Für Geschenke an den Pflichtteilsberechtigten gilt die Zehnjahresfrist nicht. Weiter ist zu beachten: Hat der Erblasser bei Hingabe des Geschenks an den B ausdrücklich angeordnet, es solle auf den Pflichtteil angerechnet werden, so reduziert sich bereits der ordentliche Pflichtteil.

Jede beabsichtigte Enterbung sollte dementsprechend unter der Fragestellung beleuchtet werden, ob der Nachlass ausreicht, den Pflichtteilsanspruch (einschließlich der Ergänzungsansprüche wegen der Schenkungen) sofort und in Geld zu erfüllen. Ansonsten gibt man den Übrigen, obschon sie ja eher begünstigt werden sollen, im Zweifel Steine statt Brot.

**Verjährung**

Der Pflichtteilsanspruch verjährt in drei Jahren, nachdem der Inhaber von der Enterbung Kenntnis erlangt hat, also ab Eröffnung des Testaments ihm gegenüber.

**Vererblichkeit**

Er geht auch auf den Erben des Pflichtteilsberechtigten über.

**Pfändbarkeit**

Für Gläubiger ist der Pflichtteil nur dann pfändbar, wenn der Pflichtteilsberechtigte ihn zuvor beim Erben geltend gemacht hat. (An diesem Punkt besteht ein gewisses Manipulationspotential, auf das Gläubiger achten sollten.)

**Sonderfall „Behindertentestament"**

Es ist grundsätzlich zulässig, ein behindertes Kind durch erbrechtliche Gestaltung so weit zurückzusetzen, dass der Träger der Sozialhilfe möglichst nichts erhält, dem Kind jedoch möglichst etwas zugewandt wird, das auf die Sozialhilfe nicht anrechenbar ist (sogenanntes Behindertentestament). Einzelheiten finden Sie unten S. 86.

**Bedingte Enterbung**

Verbreitet ist die Enterbung unter einer Bedingung beim Ehegattentestament, wenn nämlich ein Kind nach dem Tod des ersten Elternteils den Pflichtteil gegen den alleinerbenden überlebenden Ehegatten geltend macht.

**Formulierung** *Wer von den Abkömmlingen nach dem Tod des Erstversterbenden Pflichtteil geltend macht, soll auch nach dem Tod des Überlebenden nur den Pflichtteil erhalten.*

Zur sogenannten Jastrow'schen Klausel näher unten S. 81.

**Vermächtnis**

Im Gegensatz zur Erbeinsetzung, durch die der Erbe einen quotenmäßig bezifferten Anteil am gesamten Vermögen des Erblassers erhalten soll, werden mit dem Vermächtnis genau bezeichnete Einzelgegenstände zugewandt. Der gravierende Unterschied zwischen Erbeinsetzung und Vermächtnis besteht darin, dass das Vermächtnis dem Bedachten (Juristendeutsch: Vermächtnisnehmer) nicht – wie der Erbteil – mit dem Tod von selbst zufällt, ihm damit also rechtlich sozusagen automatisch gehört, sondern er den Anspruch auf Erfüllung des Vermächtnisses gegenüber demjenigen geltend machen und im Zweifel auch einklagen muss, der hierfür vom Erblasser bezeichnet ist. Das Gesetz spricht vom „Beschwerten". Das muss nicht der Erbe, es kann auch jemand sein, der seinerseits nur ein Vermächtnis erhalten hat.

Vermacht werden kann jedes Recht. Sie können vermächtnisweise auf eine Darlehensforderung verzichten, Nutzungsrechte einräumen, Geldbeträge zuwenden oder Grundvermögen usf.

Ferner muss nur der bedachte Personenkreis bezeichnet sein; auf eine konkrete Person muss sich der Erblasser nicht festlegen. Der Erblasser kann das Vermächtnis auch an eine Bedingung knüpfen.

Vermeiden Sie die Unklarheit, ob die Zuwendung eines Einzelgegenstandes nicht doch als Erbeinsetzung gelten muss. Dies kommt in Betracht bei Zuwendung des wesentlichen Vermögensgegenstandes, zumal wenn Bestattungs- oder Grabpflegepflichten damit verbunden sind, ferner bei Einsetzung nach Vermögensgruppen, wenn damit der Nachlass im Wesentlichen erschöpft wird (Beispiel: Die Witwe testiert „Mein Sohn A soll alle meine Immobilien erhalten, mein Sohn B das gesamte Barvermögen").

### Arten und Gestaltungsmöglichkeiten

Es ergeben sich in der Praxis verschiedene Möglichkeiten.

### Verschaffungsvermächtnis

Befindet sich der vermachte Gegenstand nicht im Nachlass, so hat der Beschwerte ihn dem Bedachten zu besorgen (Verschaffungsvermächtnis).

**Beispiel** *„Ich beschwere meinen Erben mit dem Vermächtnis zugunsten meines Skatbruders Jakob Glückspiel, ihm auf seinen Wunsch allabendlich in der Gaststätte ‚Grüner Baum' in Boppard einen Schoppen Rinnsteiner Pennertod, Osthang, auszugeben".*

### Untervermächtnis

Auch der Bedachte, also der Vermächtnisnehmer, kann mit einem Vermächtnis beschwert werden (Untervermächtnis).

### Zweckvermächtnis

Schließlich kann auch der Gegenstand des Vermächtnisses, anders als beim Erbteil (oben S. 22) dem Ermessen des Beschwerten oder einer anderen Person überlassen werden (Zweckvermächtnis). Formulierungsbeispiel in Fortführung des obigen:

*„Jakob Glückspiel hat aber jedes Mal, wenn er den Schoppen in Anspruch nimmt, der Bedienung ein angemessenes Trinkgeld zu geben."*

### Kosten der Vermächtniserfüllung

Da das Vermächtnis, anders als der Erbteil, dem Bedachten nicht von selbst zufällt, ist die Übertragung in manchen Fällen mit Kosten verbunden. Die Zuwendung eines Grundstücks im Wege des Vermächtnisses macht beispielsweise einen notariellen Vertrag erforderlich, damit der Vermächtnisnehmer zu Eigentum gelangt. Wenn der Erblasser hierzu nichts bestimmt hat, so hat der Beschwerte die Kosten zu tragen. Im Zweifel hat er auch für den Versand zu sorgen, die Sache also auf den Weg zu bringen.

**Übernahme von Belastungen**

Auf manchen Vermächtnisgegenständen können Belastungen ruhen, denken Sie an ein Grundstück mit eingetragener Hypothek oder einem Wegerecht. Wenn der Erblasser nur bestimmt hat:

*„Mein Schrebergartengrundstück in der Kolonie ‚Laubenpieper Boppard II' soll an meinen Skatbruder Karlheinz Käsebrot fallen,"*

muss der Bedachte nach dem Gesetz Grundschuld und Wegerecht übernehmen. Der Erblasser kann indessen auch anordnen, dass die Belastungen (etwa eine Grundschuld) vom Beschwerten zusätzlich zu übernehmen sind, dann schuldet dieser lastenfreie Übertragung.

**Sonderfälle: Vorausvermächtnis und Teilungsanordnung**

Sie können die Erbeinsetzung mit einem Vermächtnis kombinieren, dem Erben, den Sie auf einen Bruchteil eingesetzt haben, also neben diesem Bruchteil auch einen Einzelgegenstand zuwenden. Das Gesetz spricht vom „Vorausvermächtnis", denn der Bedachte erhält den Einzelgegenstand vorab, im Voraus, und erst der verbleibende Rest wird nach der Quote geteilt.

Hier kann es im Einzelfall zu Abgrenzungsschwierigkeiten kommen. Denn der Erblasser kann Einzelgegenstände auch zuwenden in Anrechnung auf den Erbteil. Der Erblasser setzt in diesem Fall zunächst einen Erbteil, also eine bestimmte Quote aus, und bestimmt dann, welche Einzelgegenstände der Erbe in Anrechnung auf diese Quote erhalten soll. Er gibt den Erben also vor, wie sie das Erbe zu teilen haben (Teilungsanordnung). Klarer Fall einer **Teilungsanordnung** wäre folgende Testamentsklausel:

*„Ich setze meine beiden Söhne A und B zu je $1/2$ zu meinen Erben ein. Jeder von ihnen soll wertmäßig möglichst das Gleiche erhalten. A bekommt den Betrieb, den der Steuerberater mit 500.000 EUR bewertet hat. B erhält die Mietshäuser, die ebenfalls 500.000 EUR wert sind. Den Rest sollen sie sich einvernehmlich hälftig aufteilen.*

Klarer Fall eines **Vorausvermächtnisses:**

*„Ich setze meine beiden Söhne zu Erben zu je 1/2 ein. A erhält ohne Anrechnung auf seinen Erbteil meine goldene Uhr."*

Wichtig wird die Unterscheidung in dem Fall, dass nach Vollzug der Teilungsanordnung der eine nicht so viel an Wert hat wie ihm nach seiner Quote zukäme. Gesetzt den Fall, die Immobilien wären im obigen Fall entgegen der Annahme im Testament nicht 500.000 EUR wert, sondern eine Million, so würde der Sohn A, der den Betrieb mit 500.000 EUR erhalten hat, argumentieren, dass dem Bruder deutlich mehr vom Gesamtwert zukommt als die vom Erblasser festgelegte Hälfte. Er würde vom Bruder dann Ausgleich, etwa in Form einer Aufzahlung verlangen. Beim Vorausvermächtnis wäre indessen klar, dass sich die Quote erst auf den Nachlass bezieht, der nach Auskehr des Vermächtnisses verbleibt.

### Kombination von Vermächtnis und Enterbung

Sie können einen Pflichtteilsberechtigten enterben, ihm aber gleichzeitig ein Vermächtnis aussetzen.

**Beispiel** *„Meinen Sohn A enterbe ich. Er erhält jedoch als Vermächtnis meine Zinnkrugsammlung, über die er sich immer lustig gemacht hat".*

Der Pflichtteilsanspruch des Sohnes wird in diesem Fall um den Wert des Vermächtnisses gekürzt. Er kann aber auch das Vermächtnis ganz ausschlagen und den vollen Pflichtteil verlangen.

### Auflage

Die Auflage ist das erbrechtliche Instrument für die Kleinigkeiten. Mit der Auflage können Sie den Erben oder auch den Vermächtnisnehmer anweisen, etwas Bestimmtes zu tun oder nicht zu tun (das Gesetz spricht von „Leistung"). Im Gegensatz zum Vermächtnis erwirbt der Begünstigte, wenn es einen solchen gibt, keinen Anspruch auf diese Leistung. Klassische Auflage betreffend ein Tun ist die Verpflichtung zu Grab- oder Tierpflege oder dergleichen; gängig sind in Sütterlin verfasste Testamente etwa folgenden Inhalts:

*„Der Pfarrpfründe St. Hildegundis vermache ich das Grundstück Flurstück $^{3}/_{1}$, Gewann Heiligenacker, mit der Auflage, für 2.000 EUR heilige Messen für mich lesen zu lassen."*

**Beispiel für ein Nicht-Tun bzw. Unterlassen** *„Meinem Geschäftspartner B setze ich meinen Geschäftsanteil an der White Powder Trading GmbH als Vermächtnis aus, verbunden mit der Auflage, den bisherigen Prokuristen C niemals als Geschäftsführer einzusetzen."*

Da der Begünstige nach dem Gesetz ausdrücklich keinen Anspruch auf Vollziehung der Auflage hat, liegt die Frage nahe, wer über die Vollziehung wacht und sie erforderlichenfalls erzwingen kann. Es sind dies

- der nicht beschwerte Miterbe vom beschwerten Miterben,
- der Erbe vom beschwerten Vermächtnisnehmer,
- derjenige, dem der Wegfall des Beschwerten (Gesetzeswortlaut:) „unmittelbar zustatten kommen würde" (der „Wegfallsbegünstige").

**Beispiel** *Der einzige Sohn ist Alleinerbe, ihm ist die Grabpflege auferlegt. Er lässt das Grab aber verlottern. Vollzugsberechtigt wären seine eigenen Kinder, weil diese gesetzlich erben würden, wenn er wegfiele. Dass die Kinder ihren Vater auf Grabpflege verklagen, ist wenig wahrscheinlich. An dieser Stelle zeigt sich, dass die Auflage ein eher stumpfes Schwert ist.*

Wenn Sie wollen, dass Ihr Wille auch zuverlässig geschieht, müssen Sie Testamentsvollstreckung anordnen.

## Vor- und Nacherbschaft

Mit diesem erbrechtlichen Instrument bewirken Sie, dass Sie Ihr Vermögen sozusagen zweimal vererben. Der Nachlass kommt dem zweiten Erben, dem Nacherben, erst zu, nachdem zuvor ein anderer

Erbe geworden ist, der Vorerbe. Die Interessenlage hinter dieser Konstruktion soll hier an einem Beispiel erläutert werden:

**Beispiel** *Der vermögende Herr A, verwitwet oder geschieden, mit zwei volljährigen Kindern, heiratet im gesetzlichen Güterstand die unvermögende Frau B, verwitwet oder geschieden, mit zwei volljährigen Kindern, bildlich also:*

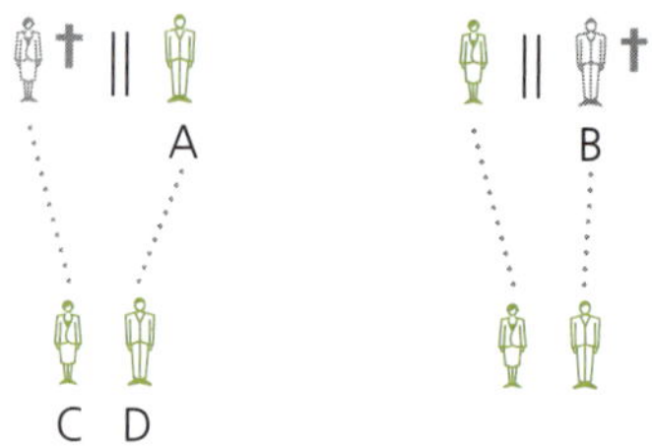


*Macht A kein Testament und stirbt als Erster, so geschieht Folgendes: B erbt als Ehefrau $^1/_2$ und die Kinder von A erben ebenfalls $^1/_2$. Stirbt sodann Frau B, so erben deren Kinder das halbe Vermögen von Herrn A, weil die Kinder von Herrn A nach Frau B nicht erbberechtigt sind.*

Ein solcher Vermögensfluss ist von Menschen wie Herrn A regelmäßig nicht beabsichtigt. Er wird Wert darauf legen, das Vermögen in seinem Stamm zu erhalten. Will er andererseits seine Ehefrau zu deren Lebzeiten voll absichern, so ist auf diese Interessenlage das Instrument der Vorerbschaft zugeschnitten. Er wird also testieren:

*Ich setze meine Ehefrau B zu meiner Vorerbin ein. Nacherben sind meine Kinder C und D. Der Nacherbfall tritt mit dem Tod der Vorerbin ein.*

Der Erblasser kann den Eintritt des Nacherbfalls auch an den Eintritt eines anderen Ereignisses knüpfen, wenn er etwa im obigen Fall die Absicherung der Witwe anderweitig gewährleistet sieht:

*Der Nacherbfall tritt mit Wiederverheiratung meiner Ehefrau B ein.*

Es können auch mehrere Nacherbschaften hintereinandergeschaltet werden. Länger als 30 Jahre darf der Erblasser den Eintritt der letzten Nacherbschaft – außer für den Todesfall des Vorerben – allerdings nicht hinausschieben.

**Gesetzliche Beschränkungen des Vorerben**

Der Vorerbe unterliegt im Hinblick auf das Vermögen, das den Nachlass der Vorerbschaft bildet, einigen spezifischen Verpflichtungen. Er hat, untechnisch gesprochen, die Stellung eines Treuhänders für den Nacherben.

Einzelne Beschränkungen sind:

- Der Vorerbe darf Grundvermögen nicht veräußern oder belasten, obschon er als Eigentümer eingetragen wird. Das Grundbuch erhält hierzu einen Nacherbenvermerk (Abteilung II, Wortlaut etwa im obigen Fall bei Eintragung der B als Eigentümerin: Nacherbe des A (Erblasser = Eigentümer) sind C und D. Die Nacherbfolge tritt mit dem Tod des Vorerben ein. Dieser Vermerk macht das Grundstück für jeden Dritten uninteressant). Verkaufen kann der Vorerbe realistischerweise also nur im Zusammenwirken mit dem Nacherben.
- Er darf zu Lasten des Nachlasses nichts verschenken. (Ausnahmen sind z.B. Geburtstags-, Weihnachts- und ähnliche Geschenke landesüblichen Zuschnitts.)
- Er muss den Nachlass ordnungsgemäß verwalten.
- Was er aus Mitteln der Vorerbschaft erwirbt, gehört wiederum zum Nachlass (Juristendeutsch: Surrogation). Beispiel: Mit Bargeld aus dem Nachlass kauft er sich ein Hausgrundstück.
- Er hat auf Verlangen des Nacherben bestimmte Arten von Wertpapieren zu hinterlegen (wegen der Einzelheiten: § 2116 Absatz 1 BGB).
- Auf Verlangen des Nacherben hat er ein Nachlassverzeichnis anzufertigen und den Zustand der Nachlassgegenstände durch

Sachverständige begutachten zu lassen (Zweck: Vermeidung von Beweisschwierigkeiten im Nacherbfall über den Umfang der künftigen Nacherbenansprüche).

**Befreiungsmöglichkeiten**
Von einigen dieser Beschränkungen kann der Erblasser den Vorerben befreien, im Wesentlichen von

- der Verfügungsbeschränkung über Grundstücke (die Befreiung wird auch in das Grundbuch eingetragen),
- dem Gebot der ordnungsgemäßen Verwaltung,
- der Verpflichtung auf Hinterlegung von Wertpapieren.

Nicht befreien kann der Erblasser von

- der Unwirksamkeit der Schenkungen,
- dem Eintritt der Surrogation,
- der Verpflichtung des Vorerben zur Errichtung des Verzeichnisses und der Begutachtung des Nachlasszustands.

Um Streitigkeiten zu vermeiden, wie weit der Umfang der Befreiung reicht, sollten Sie entweder jede einzelne gesondert aufführen, oder nur anordnen:
Der Vorerbe ist von allen gesetzlich vorgesehenen Beschränkungen befreit.

**Besonderheit: Überschuldeter Vorerbe (Vollstreckungsschutz für die Nacherbschaft)**
Der Nacherbe genießt Schutz vor Vollstreckungsmaßnahmen gegen den Vorerben. Ist dieser überschuldet, so ist der Nachlass der Vorerbschaft dem Zugriff seiner Gläubiger entzogen, da es Sondervermögen ist. Dies gilt allerdings nur für solche Zugriffe, die die Rechte des Nacherben beeinträchtigen können. Befindet sich beispielsweise ein Mietshausgrundstück im Nachlass, so können die Gläubiger des Vor-

erben nicht in das Eigentum selbst vollstrecken, also die Zwangsversteigerung des gesamten Objekts verlangen. Sie hätten jedoch Zugriff auf die laufenden Mieten.

**Testamentsvollstreckung**

Wir hatten oben gesehen, dass die Erbengemeinschaft sozusagen basisdemokratisch verfasst ist: Über alle Maßnahmen muss abgestimmt werden, und zwar prinzipiell einstimmig. Sie können Ihren Nachlass indessen auch unter Diktatur stellen, indem Sie Testamentsvollstreckung anordnen.

Bedenken Sie: Der Erbe ist im Fall der Testamentsvollstreckung zwar Erbe, darf aber nichts (absolute Verfügungsbeschränkung). Damit ist Sorge getragen, dass Ihr Wille ausgeführt wird, ohne dass ein Streit unter den Miterben den Vollzug dieses Willens blockiert, und ohne dass die Erben die Möglichkeit haben, durch einvernehmliches Zusammenwirken anders zu entscheiden, als es Ihrem Willen entspricht.

**Wann sollte ich Testamentsvollstreckung wählen**

Ein derart gravierendes Mittel wie die Testamentsvollstreckung, mit der Sie die Erben ja faktisch entmündigen, sollten Sie nur wählen, wenn bestimmte Sachlagen es gebieten. Die klassischen Fälle sind:

- Unter den ausgewählten Erben ist wegen des Inhalts Ihres Testaments oder wegen bekannter Unverträglichkeit der Beteiligten ein Streit vorprogrammiert.
- Ihre Erben sind minderjährig, unerfahren oder sonst ungeeignet, den Nachlass in Ihrem Sinne zu verwalten. (Im Fall der Minderjährigkeit entfällt beispielsweise das Erfordernis vormundschaftsgerichtlicher Genehmigungen.)
- Sie wollen Ihren Nachlass als Einheit erhalten und haben zu fürchten, dass er ohne Testamentsvollstreckung durch Ihre Erben zerschlagen würde.

- Einer der Erben ist überschuldet. (Denn solange die Testamentsvollstreckung andauert, können Gläubiger des Erben in den Erbteil nicht vollstrecken.)

## Arten der Testamentsvollstreckung

Es gibt im Wesentlichen zwei Arten der Testamentsvollstreckung.

## Abwicklungsvollstreckung

Wenn Sie nichts anderes anordnen, also nur bestimmen:

*„Ich ordne Testamentsvollstreckung an. Testamentsvollstrecker ist X,"*

so bedeutet dies die sogenannte Abwicklungsvollstreckung. Der Testamentsvollstrecker hat dann

- Ihre letztwilligen Verfügungen auszuführen, also Vermächtnisse und Auflagen zu erfüllen (nicht jedoch, Pflichtteile anzuerkennen, dies steht allein dem Erben zu),
- die Auseinandersetzung unter den Miterben zu bewirken, also Teilungsanordnungen und Vorausvermächtnisse zu erledigen, und den verbleibenden Rest an die Erben auszukehren. Hierbei hat er die Teilung so auszuführen, wie der Erblasser sie mutmaßlich selbst ausgeführt hätte. Lässt sich ein solcher Wille nicht feststellen, muss er nach pflichtgemäßem Ermessen teilen. Er kann hierzu Nachlassgegenstände zu Geld machen oder Einzelgegenstände zuteilen und im Gegenzug anderen Erben Ausgleichsbeträge aus Mitteln des Nachlasses zuordnen; er hat einen Teilungsplan aufzustellen und für endgültig zu erklären, an den die Erben gebunden sind, wenn er nicht gegen Anordnungen des Erblassers verstößt oder offenbar ungerecht (Juristendeutsch: unbillig) ist,
- bis zum Abschluss der Auseinandersetzung den Nachlass ordnungsgemäß zu verwalten, also Schulden des Erblassers zu zahlen, seine Forderungen einzuziehen, hierzu Prozesse zu führen (oder fortzuführen) und dergleichen; hierbei hat er sich am Leit-

bild eines umsichtigen und soliden, jedoch dynamischen Geschäftsführers zu orientieren (so darf er beispielsweise nicht mit dem Bargeld aus der Vorerbschaft in die Spielbank gehen und es dort auf Rot setzen. Oder in Währungen der Südhabkugel, Zinn, Schweinebäuchen spekulieren. Bestehende Wertpapierdepots darf er nur mit Vorsicht umschichten);

- die Erbschaftsteuererklärung für den oder die Erben abzugeben (§ 149 Absatz 1 Satz 1 AO mit § 31 Absatz 5 Satz 1 ErbStG, nicht jedoch für Vermächtnisnehmer und Pflichtteilsberechtigte). **Wichtig:** Rechtsbehelfe gegen den Steuerbescheid kann nur der Erbe selbst einlegen.

Mit Abschluss der Auseinandersetzung endet das Amt. Das Gesetz gibt hierzu jedoch keinen Zeitpunkt vor. Erklärt der Testamentsvollstrecker daher nicht freiwillig, dass sein Amt erledigt ist, so muss der Erbe ihn verklagen.

**Verwaltungsvollstreckung**
Der Erblasser kann den Nachlass auch dauerhaft unter Verwaltung durch den Testamentsvollstrecker stellen (Dauer- oder Verwaltungsvollstreckung). Sie kann bis zum Tode des Erben oder des Testamentsvollstreckers angeordnet werden, ansonsten endet die Verwaltungsvollstreckung nach 30 Jahren. Eine solche Maßnahme wird sich nur dann gebieten, wenn die eingesetzten Erben zur sachgerechten Verwaltung des Vermögens absehbar niemals im Stande sein werden bzw. für die Zeit der Minderjährigkeit eines Erben oder bis zum Abschluss einer Ausbildung.

In diesem Fall sollten Sie vorgeben, in welchen Zeitabschnitten Erträge auszukehren sind. Denn das Gesetz verpflichtet den Testamentsvollstrecker bei länger andauernden Vollstreckungen nur zu jährlicher Rechnungslegung, nicht aber zur Auszahlung.

Wenn sich ein Mietshausgrundstück im Nachlass befindet, bietet sich etwa folgende Formulierung an:

**Beispiel** *„Der Testamentsvollstrecker hat 70 % der jährlichen Reinerträge bis spätestens 31. 3. des jeweiligen Folgejahres an die Erben im Verhältnis ihrer Erbquoten auszahlen. 25 % hat er als Rücklage zu verwenden und 5 % kann er sich als Vergütung entnehmen."*

### Vergütung des Testamentsvollstreckers

Dies ist eines der unübersichtlichsten Kapitel überhaupt und eine Wissenschaft für sich. Nach dem Gesetz hat er Anspruch auf angemessene Vergütung. Wenn Sie keine bestimmte Vergütung vorgeben (etwa einen Prozentsatz des Bruttonachlasses bei Verwaltungsvollstreckung bzw. des Jahresreinertrags bei Verwaltungsvollstreckung), so erhält er prinzipiell einen Vergütungsgrundbetrag als Quote des Nachlasswertes, Zuschläge für bestimmte Erschwernisse oder, bei Dauervollstreckung, eine jährliche Verwaltungsgebühr.

### Vorsicht: Ihr Wille kann unterlaufen werden

Ihr Wille kann bei Vermächtnissen, Teilungsanordnungen, Vor- und Nacherbschaft sowie Testamentsvollstreckung unterlaufen werden. Sie können selbstverständlich Ihr Testament mit allerlei Regelungen der soeben besprochenen Art ausstaffieren. Ist der eingesetzte Erbe indessen pflichtteilsberechtigt, kann er verhindern, sich diesen Regelungen unterwerfen zu müssen, indem er den Erbteil ausschlägt. Diese Möglichkeit gewährt ihm § 2306 Absatz 1 Satz 2 BGB unter der Voraussetzung, dass ihm ein Erbteil ausgesetzt ist, der seine Pflichtteilsquote übersteigt. Ihm bleibt dann der Pflichtteilsanspruch, der allerdings im Einzelfall attraktiver sein mag als der Erbteil mit den Pferdefüßen. Denn mancher Erblasser verkennt, dass seine Anordnungen den Erbteil für den eingesetzten Erben völlig uninteressant machen.

**Beispiel** *Eine Witwe hat eine Eigentumswohnung mit einem Wert von 200.000 EUR und Sparbücher über 40.000 EUR. Sie testiert:*

*„Meine Töchter Angelika und Beate sollen meine beiden Erben sein. Die Kinder von Beate, Christoph und Daniel, erhalten meine Sparbücher. Beate soll lebenslanges Wohnrecht in meiner Wohnung haben." Das bedeutet: Angelika ist zwar Erbin zu $^{1}/_{2}$, der Erteil ist jedoch wirtschaftlich wertlos. Von der Wohnung hat sie wegen des Wohnrechts bis zum Tod der Schwester nichts, und die Sparbücher gehen als Vermächtnis an die Enkel. Ihr Pflichtteilsanspruch (Beerdigungskosten einmal weggelassen) macht aus: 200.000 EUR + 40.000 EUR = 240.000 : 4, also 60.000 EUR. Sie wird also ausschlagen und von der Schwester den Pflichtteil verlangen. Der Nachlass gibt Barvermögen von 60.000 EUR indessen nicht her, so dass die Wohnung verkauft werden muss, wenn die Schwester den Pflichtteil nicht aus eigenem Vermögen bezahlen kann.*

Immer wieder falsch gemacht: Ausschlagen und Pflichtteil verlangen können pflichtteilsberechtigte Erben nur unter den Voraussetzungen des § 2306 Absatz 1 Satz 2 BGB. Schlagen sie aus, ohne dass Beschränkungen und Beschwerungen angeordnet sind, erhalten sie gar nichts.

## Pflichtteilsentziehung und Pflichtteilsbeschränkung

### Pflichtteilsentziehung

Eher selten sind die Fälle, dass der Erblasser gerechtfertigterweise eine Pflichtteilsentziehung anordnen darf. Nach gegenwärtigem Rechtszustand, der jedoch durch eine Neufassung demnächst gelockert werden soll, ist dies nur unter sehr eng begrenzten Ausnahmen zulässig, unterschieden nach Entziehung von

- Pflichtteil des Abkömmlings (§ 2333 BGB): wenn dieser dem Erblasser, dessen Ehegatten oder einem anderen Abkömmling nach dem Leben trachtet, oder den Erblasser oder dessen Ehegatten körperlich misshandelt hat (andere Abkömmlinge darf er misshandeln), sonst eine gravierende Straftat gegen den Erblasser oder seinen Ehegatten verübt, seine Unterhaltspflicht gegenüber dem Erblasser (Stichwort: Elternunterhalt) verletzt, oder einen ehrlosen Lebenswandel führt,

- Pflichtteil der Eltern (§ 2334 BGB): ähnlich, nur in Gegenrichtung,
- Pflichtteil des Ehegatten (§ 2335 BGB): ebenso.

Das Recht zur Pflichtteilsentziehung erlischt durch Verzeihung der Missetat (Juristendeutsch: formlose Kundgebung, die mit der erlittenen Verletzung verbundene Kränkung überwunden zu haben). Kundgebung gegenüber dem Täter ist hierbei nicht erforderlich; es reicht aus, dass die Verzeihung Dritten zur Kenntnis gelangt.

### Pflichtteilsbeschränkung

Hier handelt es sich um die Pflichtteilsentziehung in guter Absicht. Dieses Instrument wird in Zeiten selbstverständlicher Inanspruchnahme der Verbraucherinsolvenz wohl eher praktisch. Ist der Pflichtteilsberechtigte Verschwender oder überschuldet, so kann der Erblasser ihn enterben und gleichzeitig anordnen, dass

- entweder sein Pflichtteil unter Testamentsvollstreckung gestellt wird und ihm nur die jährlichen Reinerträge zukommen sollen
- oder aber er selbst gar nicht in den Genuss des Pflichtteils oder der sonstigen Zuwendung kommt, dies vielmehr erst seinen gesetzlichen Erben zukommen soll.

Die Anordnung wird unwirksam, wenn sich der Abkömmling zum Zeitpunkt des Erbfalls vom verschwenderischen Lebenswandel abgewendet hat oder die Überschuldung nicht mehr besteht.

### Anordnungen betreffend Sorgerecht und Vermögensverwaltung bei Minderjährigen

Haben Sie minderjährige Kinder, so können Sie durch letztwillige Verfügung (mit bindender Wirkung für das Vormundschaftsgericht) einen Vormund benennen oder bestimmte Personen als Vormund ausschließen, §§ 1776 Absatz 1 und 1782 Absatz 1 Satz 1 BGB. Sie können auch anordnen, wie der Vormund den Nachlass dann zu verwalten hat (§ 1803 Absatz 1 BGB). Schließlich können Sie – etwa im Scheidungsfall – anordnen, dass Vermögen, das Ihren minderjährigen Kindern nach Ihrem Tode zukommt, nicht durch den anderen Elternteil, Ihren geschiedenen Gatten, verwaltet wird (§ 1638 Absatz 1 BGB). Damit wird eine Pflegschaft nötig, die das Vormundschaftsgericht anzuordnen hat. Auch die Person dieses Pflegers können Sie durch letztwillige Verfügung bestimmen (§§ 1917, 1909 Absatz 1 Satz 2 BGB).

**In welcher Form kann ich Verfügungen von Todes wegen treffen?**
Das Gesetz bietet Ihnen die Möglichkeit von Testament und Erbvertrag; Sonderformen sind das Schenkungsversprechen auf den Todesfall (selten) und der Vertrag zugunsten Dritter auf den Todesfall/Bezugsberechtigung (häufig).

**Testament**
Das Gesetz gibt Ihnen zwei Möglichkeiten. Sie können ein Einzeltestament errichten oder, wenn Sie verheiratet sind, ein gemeinschaftliches Testament zusammen mit ihrem Ehepartner (die Regel gilt auch für eingetragene Lebenspartner). In jedem Falle müssen Sie volljährig und geschäftsfähig sein. (Ab dem 16. Jahr ist man testierfähig, kann aber wirksam nur ein notarielles Testament errichten.)

**Einzeltestament**
Beim Einzeltestament stehen Ihnen die nachfolgenden Formen zur Verfügung.

**Eigenhändig geschriebenes (privatschriftliches) Testament**
Hier ist von Form und Sonstigem her nicht viel zu beachten, wie die nachfolgende Checkliste zeigt.

## Checkliste

- Schreiben Sie den gesamten Text von Hand, keinesfalls mit Maschine oder als Computerausdruck.
- Notieren Sie Zeit und Ort, damit im Falle mehrerer Testament im Zweifel klar ist, welches das frühere und welches das spätere ist. (Die fehlende Ortsangabe kann nur in Fällen mit Auslandsbezug problematisch werden.)
- Unterschreiben Sie mit vollem Namen am Ende des ganzen Textes. Besteht Ihr Testament aus mehreren Seiten, versehen Sie jede Seite mit einer Unterschrift und nummerieren Sie die Seiten durch. Vermeiden Sie Postscripta (p. s.), und, wenn solche nicht vermeidbar waren, setzen Sie auch hierunter eine weitere Unterschrift.
- Bringen Sie zweifelsfrei zum Ausdruck, dass es sich definitiv um Ihren letzten Willen handelt, nicht nur um eine bloße Ankündigung, wie Sie testieren wollen. Im Zweifel wird hierzu zwar auch ein Tagebucheintrag oder ein Brief ausreichen, etwa: „Liebe Doris, ich sitze hier im Unterstand vor Jalalabad. Eben beginnt die Bodenoffensive der Taliban. Du sollst meine Alleinerbin werden. In Liebe Dein Bär." Doch wäre ein Brief des Inhalts: „Ich komme eben vom Steuerberater und habe mich nun doch entschlossen, Butzili zur Alleinerbin zu machen", im Zweifel kein Testament, sondern nur die Mitteilung einer Absicht. Schreiben Sie sicherheitshalber eingangs „Testament" oder „Mein letzter Wille".
- Legen Sie das Dokument mit dem deutlichen Hinweis „Testament" auf dem Umschlag unter Ihre persönlichen Unterlagen oder geben Sie es demjenigen in Verwahrung, den Sie begünstigen wollen. Er wird es noch am ehesten aufheben und im Todesfall verwenden. Wenn Sie einige Euro investieren, dafür aber Sicherheit haben

wollen, dass man Ihr Testament auch berücksichtigt, geben Sie das Schriftstück in die sogenannte Besondere amtliche Verwahrung (beim Amtsgericht – Nachlassgericht – oder, in Baden-Württemberg, beim Notariat).

## Notarielles (öffentliches) Testament

**Arten.** Hier unterscheiden wir (1) das dem Notar mündlich erklärte und von ihm beurkundete Testament, was die Regel darstellt, und (2) das Testament durch Überreichen einer offenen oder verschlossenen Schrift, das sehr selten vorkommt. Im Fall der verschlossenen Schrift reicht es aus, dass der Erblasser dem Notar ein Schriftstück oder einen Schriftstück in verschlossenem Umschlag mit der Bemerkung übergibt, dass es seinen letzten Willen enthalte. Es braucht dann weder handschriftlich verfasst noch unterzeichnet zu sein.

**Vorteile.** Neben der Beratung durch den Notar und der Sicherheit, später keine Missverständnisse durch unklare Formulierungen zu vererben, hat das beurkundete notarielle Testament den Vorteil, in aller Regel den Erbschein zu ersetzen. Die Vorlage der Notarurkunde nebst Eröffnungsprotokoll des Nachlassgerichts reicht als Erbnachweis für Grundbuchvollzug und Bankverkehr in aller Regel aus, wenn dort konkret bezeichnete Personen als Erben bestimmt sind. (Haben Sie allerdings nur zugunsten eines bestimmbaren Personenkreises wie z. B. alle meine Kinder testiert, wird dennoch ein Erbschein erforderlich, wo diese namentlich aufgeführt sind.)

**Kosten.** Von den Kosten der Beurkundung sollten Sie sich nicht schrecken lassen. Ein Erbscheinsverfahren verursacht im Zweifel ebenso hohe Kosten und ist durchgehend mit lästigen Formalitäten verbunden, die im Fall des notariellen Testaments entbehrlich sind (etwa die Eidesstattliche Versicherung). Beim Einzeltestament fällt eine volle Gebühr nach der Kostenordnung (KostO) aus dem Wert des Bruttovermögens zum Zeitpunkt der Beurkundung an, zuzüglich meist geringfügiger Schreibgebühren und der Mehrwertsteuer, netto etwa aus folgenden Werten:

| | |
|---|---|
| 50.000 EUR | 132 EUR |
| 200.000 EUR | 357 EUR |
| 500.000 EUR | 807 EUR |

**Besonderheiten.** Minderjährige ab 16 sowie Analphabeten können wirksam nur notarielle Testamente errichten. Für Blinde, Taube und Stumme gelten besondere Beurkundungsvorschriften, über die der Notar belehrt.

## Nottestamente

Nottestamente sind absolute Ausnahmen und nur zulässig, wenn zu befürchten ist, dass der Erblasser sterben wird, bevor ein Notar zugezogen werden konnte. Hier gibt es folgende Unterarten: das Bürgermeistertestament, das Seetestament, und das Dreizeugentestament, das bisweilen in Krankenhäusern nötig wird. Diese Nottestamente verlieren ihre Kraft nach drei Monaten.

## Beseitigung des Einzeltestaments zu Lebzeiten

So frei, wie Sie testieren können, so frei sind Sie auch beim Widerruf. Jede der obigen letztwilligen Verfügungen können Sie nach Errichtung wieder beseitigen. Die Form ist dabei unerheblich, Sie können also ein notariell beurkundetes Testament durch ein handschriftliches widerrufen oder durch ein Nottestament und jeweils umgekehrt. Eine Verfügung anderen und neuen Inhalts brauchen Sie hierbei nicht zu treffen. Es reicht aus, wenn Sie schreiben:

*Ich widerrufe alle früheren Verfügungen von Todes wegen (Datum und Unterschrift).*

Damit greift wiederum die gesetzliche Erbfolge ein. Das Wort „Widerruf" braucht im Text nicht vorzukommen. Denn das Testament jüngeren Datums hebt das ältere auf. Datieren Sie deshalb jedes Testament.

Selbstverständlich können Sie den Widerrufswillen auch dadurch zum Ausdruck bringen, dass Sie das Testament beseitigen.

Vernichten oder entwerten Sie das ganze Dokument. Legen Sie es nicht unter Altpapier (wo Sie es dann vergessen), oder unter die Einkellerungskartoffeln. Es gab Nachlässe, da sich Vermögensstücke und Dokumente an den unglaublichsten Orten fanden; so lag etwa in einer Garage, knietief in alten Zeitungen aus den siebziger Jahren, ein Zigarrenschächtelchen mit einem Brief „Mein letzter Wille", worin mit Datum 1966 eine Jugendfreundin eingesetzt war. War dies Testament beseitigt?

**Beseitigung des Einzeltestaments nach dem Tode (Anfechtung)**

Der Erblasser kann, wie wir gesehen haben, sein Einzeltestament zu Lebzeiten jederzeit ändern. Nach seinem Tode bleiben nur die Anfechtungsmöglichkeiten. Berechtigt hierzu ist jeder, dem die Anfechtung zugute käme.

**Beispiel** *Der Erblasser setzt die Kirche zur Alleinerbin ein. Anfechtungsberechtigt wären hier die gesetzlichen Erben, da sie statt der Testamentserbin zum Zuge kämen.*

Die Anfechtungsgründe sind Drohung (der Erblasser ist zum Testament etwa erpresst worden) und Irrtum (der Erblasser wollte gar kein Testament verfassen, hat sich in der Bedeutung seiner Erklärung sonstwie geirrt oder ging von völlig falschen Annahmen aus). Solche Fälle sind eher selten. Praktischen Belang hat die Situation, dass ein zur Zeit des Erbfalls lebender Pflichtteilsberechtigter übergangen wurde, der dem Erblasser nicht bekannt war.

**Beispiel** *Nach dem Tod des Erblassers meldet sich ein uneheliches Kind, von dem er bisher nichts wusste.*

**Gemeinschaftliches („Berliner") Testament**

Sind Sie verheiratet oder leben in eingetragener Partnerschaft, so kann jeder Gatte oder Partner selbstverständlich ein Einzeltestament verfassen – und widerrufen, ohne dass der andere etwas davon erfährt. Zur Förderung der Transparenz in Ehe und Partnerschaft gibt das Gesetz die Möglichkeit, auch gemeinschaftlich zu testieren. Im Standardfall Ehe lautet die Formulierung etwa:

**Beispiel** *Handgeschrieben durch die Ehefrau: „Wir, die Eheleute A und B, setzen uns gegenseitig zum alleinigen Erben ein." (Datum und Unterschrift Ehefrau)*
*Handgeschrieben daruntergesetzt durch den Ehemann: „Dies ist auch mein letzter Wille." (Datum und Unterschrift Ehemann)*

Niemals dürfen Sie die Reihenfolge vertauschen, so dass also der Ehemann eingangs schreibt: Das gesamte nachstehend von meiner Ehefrau geschriebene Testament soll auch mein letzter Wille sein. (Datum und Unterschrift Ehemann)

Eine Regelung für den Tod des überlebenden Ehegatten muss nicht getroffen sein. Dies kann geschehen durch die sogenannte Schlusserbeneinsetzung. Im Standardfall der Ehe mit zwei Kindern lautet diese (Text ansonsten wie soeben):

**Beispiel** *„Schlusserben nach dem Letztversterbenden sind unsere beiden einzigen Kinder C und D."*

Dies bedeutet allerdings, dass die beiden Kinder nach dem Tode des Erstversterbenden enterbt sind und Pflichtteilsansprüche haben.

**Form**

Das gemeinschaftliche Testament kann in sämtlichen der oben (S. 43 ff.) aufgezeigten Formen verfasst werden. Im Fall des Nottestaments reicht es aus, wenn die Voraussetzungen für dessen zulässige Errichtung nur in Person eines der Ehegatten vorliegen (§ 2267 BGB).

**Unwirksamkeit im Scheidungsfall**

Das gemeinschaftliche Testament wird, ohne dass es eines besonderen Widerrufs bedarf, unwirksam, wenn zum Zeitpunkt des Todes die Scheidungsvoraussetzungen vorlagen und der Erblasser Scheidung entweder selbst beantragt oder dem Scheidungsantrag des Gatten zugestimmt hatte.

**Wie löse ich mich vom gemeinschaftlichen Testament?**

Das gemeinschaftliche Testament kann zum einen durch ein neues gemeinschaftliches Testament widerrufen werden. Soll der andere Ehegatte aber vom Widerruf nichts erfahren, so ist nach dem Inhalt der einzelnen Testamentsklauseln zu unterscheiden. Sogenannte wechselbezügliche Verfügungen (solche, die voneinander abhängig sind) können einseitig nur durch notariell beurkundete Erklärung widerrufen werden, wobei dem anderen Ehegatten eine Ausfertigung der Widerrufserklärung förmlich, also über Gerichtsvollzieher, zugestellt werden muss, und zwar zu Lebzeiten. Nur die nicht wechselbezüglichen Verfügungen können frei, also ohne Einbeziehung des anderen Ehegatten widerrufen werden. Die Frage, ob eine Verfügung wechselbezüglich ist oder nicht, gehört zu den diffizilsten, die das Erbrecht zu bieten hat. Ohne spezielle Beratung werden Sie im Zweifel nicht auskommen.

Ferner gibt es die Anfechtungsmöglichkeit wegen Irrtums oder Drohung nach dem Tode in entsprechender Anwendung des § 2281 BGB. Die Fälle sind äußerst selten.

**Sonderfall: Anfechtung bei Wiederverheiratung**

Sind durch ein Berliner Testament Schlusserben eingesetzt, ist ein Ehegatte verstorben und der Überlebende heiratet erneut, so hat der neue Ehegatte die Möglichkeit der Anfechtung des Testaments gemäß § 2079 BGB, da er vor dem Erbfall pflichtteilsberechtigt geworden und im Testament übergangen ist. Üblicherweise wird diese Anfechtungsmöglichkeit in den notariellen Berliner Testamenten ausgeschlossen.

## Checkliste

Sie sollten, bevor Sie zum gemeinschaftlichen Testament schreiten, mit dem Gatten oder Partner einig geworden sein zu folgenden Fragen:

- [ ] Welche Testamentsbestandteile sind Ihnen so wichtig, dass sie jedenfalls nach Ihrem Tod den überlebenden Gatten binden sollen? Spiegelbildlich: An welchen Punkten wollen Sie ihm die Möglichkeit offenlassen, später anders zu testieren? An jedem Einzelpunkt sollten Sie deutlich zum Ausdruck bringen, ob er wechselbezüglich sein soll oder nicht.
- [ ] Was soll im Fall der Wiederverheiratung des Überlebenden gelten? Bedenken Sie: Wenn die Schlusserbeneinsetzung bindend geworden ist, ist der neue Ehegatte unabänderlich enterbt und hat nach dem Tode des Überlebenden gegen die Schlusserben, also die Kinder, Pflichtteilsansprüche.
- [ ] Und was soll geschehen, wenn aus der neuen Ehe weitere Kinder hervorgehen?
- [ ] Die Kinder sind im klassischen Fall des Berliner Testaments nach dem Erstversterbenden enterbt und haben Pflichtteilsansprüche. Was soll geschehen, wenn sie diese Ansprüche gegen den überlebenden Elternteil geltend machen?
- [ ] Wie können Sie verhindern, dass der überlebende Ehegatte, um den Kindern oder sonstigen Schlusserben zu schaden, Vermögen beiseiteschafft oder verschenkt?

### Wirkung nach dem Tode des Erstversterbenden

Wenn das gemeinschaftliche Testament wechselbezügliche Verfügungen enthält, wie sie oben bezeichnet wurden, so erwachsen diese mit dem Tode des Erstversterbenden in (Juristendeutsch) **„Bindung"**. Das hat folgende Konsequenz: Der Überlebende ist zwar nicht gehindert, mit dem Erbe zu Lebzeiten zu verfahren wie er will, es insbesondere ganz oder teilweise herzuschenken. Diese Schenkung selbst wäre nicht angreifbar. Doch kann der eingesetzte Schlusserbe vom Beschenkten verlangen, dass dieser das Geschenk an ihn herausgibt; Stichwort: Beeinträchtigung der Schlusserbenstellung. Nur wenn an der Transaktion ein (Juristendeutsch) lebzeitiges Eigeninteresse des überlebenden Ehegatten bestand, kann der Beschenkte die Herausgabe verweigern. Die Grenzen des Zulässigen sind von der Rechtsprechung eher eng gezogen. Dem überlebenden Ehegatten wird also die Verfügungsfreiheit prinzipiell erheblich eingeschränkt. Das Problem hierbei ist aus Sicht des Begünstigten: Ihm stehen fatalerweise keine Mittel zur Verfügung, solche Transaktionen zu verhindern, die sein Erbe absehbar schmälern.

**Beispiel** *Der einzige Sohn ist Schlusserbe. Seine Mutter wendet sich nach dem Tod des Vaters einem wesentlich jüngeren Mann aus Puerto Rico zu und finanziert diesem aus Mitteln der Erbschaft ein großzügiges Anwesen in seiner Heimat, wo später der Lebensabend verbracht werden soll. In einem solchen Fall muss der Sohn quasi ohnmächtig zusehen, wie das Geld auf Nimmerwiedersehen abfließt.*

Ebenso schmälert eine Wiederverheiratung des Überlebenden die Schlusserbenposition, da nach seinem Tode Pflichtteilsansprüche des neuen Ehepartners entstehen. Auch dies ist nicht zu verhindern.

### Erbvertrag

Wie wir gesehen haben, kann sich der Erblasser vom Einzeltestament jederzeit und grundlos lösen; das gemeinschaftliche Testament kann er einseitig und grundlos widerrufen. Die Bedachten und Beteiligten haben also in keinem dieser Fälle Sicherheit, dass es bei den getroffenen Regelungen bleibt, dass der Erblasser dauerhaft an sie gebunden ist. Wer auf eine solche Sicherheit Wert legt, muss zum Erbvertrag greifen. Denn nur der Erbvertrag erzeugt prinzipielle Bindungen wie jeder andere Vertrag unter Privatpersonen auch.

## Wer kann einen Erbvertrag schließen?

Anders als beim gemeinschaftlichen Testament, dessen Beteiligte verheiratet oder eingetragene Lebenspartner sein müssen, kann sich jeder mit jedem beliebig erbvertraglich binden.

Die Bindung bezieht sich auch auf Personen, die am Vertrag nicht beteiligt waren; Beispiel: Ehemann und Ehefrau vereinbaren, dass dem Sohn nach dem Tod des Ehemannes dessen Münzsammlung als Vermächtnis zufallen soll.

## Welchen Inhalt kann der Vertrag haben?

Mit dem Erbvertrag darf grundsätzlich alles angeordnet werden, was auch durch Testament möglich wäre. Die Bindungswirkung, die mit ihm erreicht werden soll, gilt jedoch nur im Hinblick auf Erbeinsetzungen, Vermächtnisse und Auflagen. Für alle anderen Anordnungen, etwa der Testamentsvollstreckung, Teilungsanordnung (soweit sie kein Vorausvermächtnis enthält) oder Enterbung greift das Recht des Testaments – mit der Folge, dass sie vom Vertragspartner frei widerrufen werden können.

## Form und Kosten

Der Erbvertrag bedarf der notariellen Form, muss also dem Notar gegenüber mündlich erklärt oder es muss ihm eine verschlossene Schrift überreicht werden (siehe oben S. 45).

**Wichtig:** Wer in dem Vertrag eine letztwillige Verfügung trifft, muss persönlich beim Notar erscheinen; der Bedachte, dem sie nur zugutekommt, darf einen Bevollmächtigten schicken, soweit er keine eigenen Verfügungen treffen will. Verspricht der Onkel seinem Neffen durch Erbvertrag seine Münzsammlung als Vermächtnis, dann muss der Onkel den Notartermin selbst wahrnehmen, der Neffe hingegen kann sich durch einen Anderen vertreten lassen.

Es fallen im Gegensatz zum Einzeltestament zwei volle Gebühren an. Beispielsbeträge finden sich oben auf S. 46.

**Wie kann ich mich vom Erbvertrag wieder lösen?**
Durch einvernehmliche Aufhebung des Vertrages im Zusammenwirken aller Vertragspartner jederzeit, durch einseitige Maßnahmen prinzipiell nicht. Denn dies würde der vom Gesetz gewollten Bindungswirkung widersprechen. Es gibt aber einige Ausnahmen.

**Rücktritt**
Es lassen sich drei Konstellationen des Rücktritts unterscheiden.

**Vorbehaltener Rücktritt.** Hat sich ein Vertragspartner den Rücktritt ausdrücklich vorbehalten, so kann er diesen erklären, und zwar dem anderen Vertragspartner gegenüber und durch wiederum notariell beurkundete Erklärung.

**Rücktritt wegen Verfehlungen.** Liegen im Verhältnis zum anderen Vertragspartner die Voraussetzungen vor, unter denen der Erblasser einem Pflichtteilsberechtigten den Pflichtteil entziehen könnte, so gibt ihm dies ein gesetzliches Rücktrittrecht.

**Rücktritt wegen „Aufhebung" der Gegenleistung.** Wurde dem Erblasser vom Vertragspartner eine laufende Leistung, insbesondere ein Unterhalt, versprochen, so kann der Erblasser vom Vertrag zurücktreten, wenn diese Gegenleistung „aufgehoben" wurde, also nachträglich wegfällt.

**Beispiel** *Ein Witwer setzt seinen Sohn vertraglich zum Alleinerben ein und der Sohn verpflichtet sich im Gegenzug, lebenslang 1.000 EUR monatlich als Rente zu zahlen. Heben die Parteien diese Verpflichtung später einvernehmlich wieder auf, weil dem Sohn die Zahlung beispielsweise wegen Arbeitslosigkeit nicht mehr möglich ist, so kann der Vater vom Erbvertrag zurücktreten.*

Nichtzahlung und Verzug begründen das Rücktrittsrecht nicht, weil sie die Verpflichtung nicht „aufheben". Die Rechtslage in solchen Fällen ist unübersichtlich, so dass Sie Beratung in Anspruch nehmen sollten.

**Anfechtung**

Hier gelten die obigen Ausführungen auf S. 47 und 49. Häufigster Anwendungsfall ist die Anfechtung durch den Erblasser nach dessen Wiederverheiratung.

Wollen Sie dies als Ehegatte verhindern, um etwa die Schlusserbeneinsetzung Ihrer Kinder zu sichern, müssen Sie ausdrücklich anordnen, dass die Anfechtungsmöglichkeit nach § 2079 BGB ausgeschlossen sein soll.

**Kann ich als Bedachter sicher sein, die vorgesehene Zuwendung nach dem Tode des Erblassers auch zu erhalten?**

Nein, und dies ist der Pferdefuß des Erbvertrages: Auf dem Papier haben Sie mit dem Abschluss des Vertrages prinzipiell unwiderrufliche Ansprüche auf das Erbe im Todesfall erworben. Der Erblasser ist jedoch nicht gehindert, sein Vermögen zu Lebzeiten wegzugeben, so dass Ihnen nach seinem Tode zwar formell ein Erbteil oder Vermächtnis zusteht, aber wertlos ist. Es handelt sich um die identische Situation, wie wir sie bereits anhand des bindend gewordenen gemeinschaftlichen Testaments oben auf S. 51 erörtert hatten.

**Beispiel** *Onkel O vermacht seinem Neffen N durch Erbvertrag seine umfangreiche Münzsammlung. In der Folge gerät er mit N in Streit und verschenkt die Münzsammlung an einen fahrenden Musikanten M. Hernach stirbt er. N hat nun zwar einen Anspruch gegen den Erben auf Wertersatz. Wenn der Nachlass den aber nicht hergibt, hat er einen Anspruch gegen M auf Herausgabe der Sammlung. Ist dieser nicht auffindbar, wird N insgesamt leer ausgehen.*

Verhindern kann man solche Maßnahmen (Juristendeutsch: beeinträchtigende Verfügungen) nur bei Grundstücken, indem man einen (Juristendeutsch) schuldrechtlichen Anspruch konstruiert und durch Vormerkung im Grundbuch absichert, womit das Grundstück für jeden Dritten uninteressant wird; wegen der Einzelheiten ist anwaltlicher oder notarieller Rat unverzichtbar. Im Übrigen laufen Sie als Bedachter eines Erbvertrags stets Gefahr, dass Ihre Vertragsposition vereitelt wird.

### Schenkungsversprechen von Todes wegen

Diese Gestaltungsform wird hier nur der Vollständigkeit halber angeführt, nennenswerten praktischen Belang hat sie nicht. Es handelt sich um das bloße Versprechen eines Geschenks, und zwar unter der Bedingung, dass der Beschenkte den Schenker überlebt.

**Beispiel** *„Wenn ich vor dir sterbe, sei die Zinnkrugsammlung in meiner Vitrine dein!"*

Das Gesetz unterstellt diese Sachlage dem Recht der letztwilligen Verfügungen, damit die erbrechtlichen Formen nicht umgangen werden. Wird die Schenkung bereits zu Lebzeiten vollzogen, so greift hingegen das Recht der Schenkungen. Einzelheiten können in unserem Rahmen nicht erörtert werden. Als praktischer Hinweis an dieser Stelle nur:

Legen Sie keine Sparbücher oder dergleichen auf den Namen von anderen Personen an (Kindern, Enkeln) und verwahren dann die Dokumente bei sich, ohne dass der Begünstigte etwas davon weiß.

### Vertrag zugunsten Dritter auf den Todesfall/ Bezugsberechtigung

Diese Mittel bieten eine häufig genutzte Möglichkeit, Vermögen im Sterbfall auf einen Begünstigten zu übertragen. Es handelt sich allerdings nicht um ein speziell erbrechtliches, sondern ein allgemein vertragsrechtliches Gestaltungsinstrument.

Haben Sie eine Forderung gegenüber einem anderen, etwa Guthaben bei einer Bank, Bausparkasse, Versicherung, oder auch „privat" ein Darlehen vergeben, so fällt dieser Anspruch prinzipiell in den Nachlass und kommt damit automatisch den Erben zu. Sie können jedoch zu Lebzeiten mit der Bank (oder den sonstigen Beteiligten) vereinbaren, dass Ihr Guthaben nach Ihrem Tode auf einen Dritten, den Sie begünstigen wollen, „umgeschrieben" wird. Dieser Umschreibungsvorgang läuft sodann außerhalb des Erbgangs allein aufgrund dieser Vereinbarung. Die Forderung fällt nicht in den Nachlass, sondern kommt sogleich dem Begünstigten zu. Dieser hat sodann den Anspruch gegen die Bank usf. in eigener Person. Die Banken vermerken hierzu die Existenz einer solchen Vereinbarung stets bei den Kontoblättern oder auf den Sparbüchern („Verfügt zugunsten X auf den Todesfall"), so dass der Begünstigte nicht noch eigens Nachweis führen muss. Bei Versicherungsverträgen wird zumeist sogleich bei Antragstellung vermerkt, wer im Todesfall für die Versicherungsleistung bezugsberechtigt sein soll.

### Problem des „Wettlaufs"

Wenn Sie einem Dritten ein solches Recht einräumen, ist damit nur gesagt, dass er es im Todesfall erhalten soll, allerdings nicht, warum. Juristisch bedeutet dies: Ihrer Zuwendung muss noch ein Rechtsgrund unterlegt sein, damit der Begünstigte das Guthaben im Todesfall auch behalten darf. Im Regelfall wird es sich bei diesem Rechtsgrund um eine Schenkung handeln. Einen wirksamen Anspruch auf das Geschenk erwirbt der Begünstigte aber nur, wenn die Zusage (Juristendeutsch: der Schenkungsvertrag) notariell beurkundet ist. Fehlt die Beurkundung, so wird die Schenkung gleichwohl wirksam, wenn der Schenkungsakt vollzogen wurde.

Dies führt zum Problem, wenn der Begünstigte von seinem Glück nichts weiß.

**Beispiel** *Großmutter G verfügt ein Sparbuch auf den Todesfall zugunsten des Enkels E. Die Verfügung wird im Sparbuch vermerkt. Die G behält das Buch aber bei sich und sagt dem Enkel nichts da-*

*von, denn es soll eine Überraschung sein. Nach dem Tod der O wird das Sparbuch von dem Erben O, einem Onkel des E, unter den Sachen der G gefunden.*

Vom Enkel her gesehen verhält es sich nun so: Einen formlosen, also unwirksamen Schenkungsvertrag hatte er mit der Großmutter nicht geschlossen, da er von nichts wusste. Also muss ein solcher Vertrag nach dem Tod erst einmal zustande kommen. Man lässt es hierfür ausreichen, dass die Bank den E über den Vorgang informiert und dieser sich mit der Schenkung einverstanden erklärt. Wenn allerdings der Erbe vorher gegenüber der Bank widerruft oder sonstwie zu verstehen gibt, mit der Verfügung nicht einverstanden zu sein, so scheitert ein Schenkungsvertrag. Wie Sie sehen, ergibt sich eine gewisse Wettlauf-Situation: Wer zuerst von der Verfügung informiert wird und zweckentsprechend reagiert, erhält das Guthaben.

**Beseitigung**

Wenn Sie nicht ausdrücklich angeordnet haben, dass die Begünstigung unwiderruflich sein soll, können Sie sie zu Lebzeiten jederzeit wieder aufheben oder ändern.

**Geschiedener Ehegatte bei Lebensversicherungsverträgen**

Versicherungsverträge sehen bisweilen formularmäßig vor (oder Sie haben bei Antragstellung konkret bestimmt), dass Ihr – namentlich benannter – Ehepartner bezugsberechtigt sein soll. Eine solche Anordnung wirkt im Zweifel über eine etwaige Scheidung hinaus, wenn sie nicht widerrufen wird.

Stehen also bei Ihnen Trennung und Scheidung an, forschen Sie nach, ob Sie die Bezugsberechtigung ändern oder widerrufen müssen.

# Rechtsgeschäfte unter Lebenden mit erbrechtlichen Auswirkungen

Die bereits oben behandelten Gestaltungsmöglichkeiten sind solche mit spezifisch erbrechtlichen Formen. Sie entfalten ihre rechtliche und wirtschaftliche Wirkung erst im Todesfall.

## Vorweggenommene Erbfolge

Im Einvernehmen mit den künftigen Erben können Sie diese Wirkungen jedoch bereits zu Lebzeiten herbeiführen. Im Rahmen von Vermögenszuwendungen unter Lebenden stehen Ihnen zudem einseitige Anrechnungsmöglichkeiten zur Verfügung, mit denen Sie Weichen für den Todesfall stellen können.

Der Anlass für solche Maßnahmen ist – neben der Steuervermeidung, auf die wir unten noch zu sprechen kommen – zumeist die Vermeidung künftigen Streits der Erben. Hier zunächst die Hauptanwendungsfälle:

**Beispiele**

*Klassischer Fall war zu landwirtschaftlich geprägten Zeiten die Hofübergabe. Der Senior übertrug auf den Sohn als Nachfolger, bezog ein Altenteilerhäuslein und nährte sich dort von Früchten des Hofes („zu Martini eine Gans"). Wurden die Geschwister des Nachfolgers in die Übergabe einbezogen, so zahlte er ihnen ein Gleichstellungsgeld, und zwar nicht aus dem vollen Verkehrswert des Hofes, sondern auf Basis des – wesentlich geringeren – Ertragswertes. Sie erklärten sich durch dies Gleichstellungsgeld für den Erbfall als abgefunden. Diese Fallgruppe kommt nunmehr vor als Betriebsübergabe (mittelständische Einzelunternehmen, Handwerksbetriebe, freiberufliche Praxen). Problemlage: Der Übernehmer befürchtet Pflichtteilsergänzungsansprüche der Geschwister, wenn überhaupt keine Gleichstellung bezahlt wird oder diese den Wert des Betriebs nicht angemessen widerspiegelt. Die Geschwister ihrerseits wollen vorsorgen für den Fall, dass der Übernehmer den Betrieb nicht dauerhaft fortführt, sondern mit Gewinn verkauft (durch sogenannte Spekulationsklauseln).*

*Ein Abkömmling möchte sich ein Familienheim schaffen und Sie stellen ihm zu diesem Zwecke kostenlos eine Grundstücks-Teilfläche zur Verfügung oder einen Teil Ihres Wohnhauses. In solchem Fall will der Abkömmling regelmäßig wegen seiner Investitionen abgesichert sein und verlangt Eigentumseinräumung.*

*Ein Abkömmling braucht, zum Beispiel wegen Gründung eines eigenen Unternehmens, als Startkapital eine größere Geldsumme in jungen Jahren, die ihm jedoch auf sein Erbe „angerechnet" werden soll.*

*Befindet sich unter Ihren Kindern ein renitenter, mit allen anderen zerstrittener Stinkstiefel, so ist absehbar, dass eine Erb- oder Pflichtteilsauseinandersetzung sehr unerfreulich wird.*

*Ein überschuldeter Sohn, der absehen kann, dass er ohnehin nichts von dem Erbe hätte, will wenigstens dafür sorgen, dass das Erbe nach dem Vater an seine eigenen Kinder fällt.*

In all diesen Fällen sollten Sie eine lebzeitige vertragliche Regelung mit den Beteiligten treffen. Nachstehend sind die Instrumente aufgeführt, die hierbei meist angewandt werden.

## Erbverzicht

Beim Erbverzicht handelt sich um die umfassendste und weitreichendste Preisgabe der erbrechtlichen Position eines gesetzlichen Erben, meist gegen Zahlung eines Abfindungsbetrages an den „weichenden Erben" – vorzeitiger Erbausgleich. Es will wohlüberlegt sein, ob man sich hierauf einlässt.

**Wichtig:** Der Erbverzicht ist ein „Risikogeschäft".

**Beispiel** *Der Vater zahlt dem Sohn eine angemessene Abfindung auf seinen Erbteil, errechnet auf Grundlage seines Vermögens zum Zeitpunkt des Verzichts. Danach gewinnt er im Lotto.*

Der vollständige Erbverzicht ist dementsprechend nicht häufig.

## Wer kann verzichten?

Die Möglichkeit des Erbverzichts haben

- alle gesetzlichen Erben, nämlich der Ehegatte und eingetragene Lebenspartner, auch künftige Abkömmlinge oder sonstige Verwandte, die bei gesetzlicher Erbfolge zum Zuge kämen;
- alle testamentarisch oder erbvertraglich Bedachten, letztere auch dann, wenn sie nicht Partei des Erbvertrages waren. Diese Personen verzichten hierbei nicht auf das Erbrecht (das sie ja nicht haben), sondern auf die „Zuwendung", also Erbeinsetzung oder Vermächtnis. Hauptanwendungsfall ist die Situation bei bindend gewordenem gemeinschaftlichem Testament oder bei Bestehen eines Erbvertrags.

## Wirkungen des Erbverzichts

Wer auf das Erbe verzichtet, wird vom Gesetz so angesehen, als ob er zum Zeitpunkt des Erbfalls nicht mehr lebte; er ist von der gesetzlichen Erbfolge ausgeschlossen und wird nicht mehr mitgezählt. Er verliert gleichzeitig auch einen etwaigen Pflichtteilsanspruch. Die Erbquoten der übrigen gesetzlichen Erben und damit auch die Pflichtteilsquoten erhöhen sich.

**Beispiel** *Eines von zwei Kindern verzichtet gegenüber dem – in Gütertrennung – verheirateten Vater. Ohne den Verzicht hätten Ehefrau und beide Kinder Erbquoten von je $^1/_3$, nach erfolgtem Verzicht von je $^1/_2$. Beim gesetzlichen Güterstand der Zugewinngemeinschaft bleibt die Erbquote der Ehefrau mit $^1/_2$ gleich, das durch den Verzicht frei gewordene Viertel kommt in diesem Fall allein dem verbliebenen Kind zu.*

Wenn nichts anderes vereinbart ist, erstreckt sich der Verzicht auch auf die Abkömmlinge des Verzichtenden, wenn dieser seinerseits Abkömmling des Erblassers oder „Seitenverwandter" ist, also im Verhältnis zum Erblasser Geschwister oder Neffe, Onkel oder Cousin.

Soll nur auf das Erbrecht, indessen nicht auf das Pflichtteilsrecht verzichtet werden, so muss dies ausdrücklich vereinbart werden.

**Sonderfall: Verzicht „zugunsten eines anderen"**

Verzichtet jemand auf sein Erbrecht ausdrücklich zugunsten eines anderen, so ist der Verzicht unwirksam, wenn der Andere nicht Erbe wird.

**Beispiel** *Sohn 1 verzichtet zugunsten der Mutter. Nun setzt der Vater aber die Kirche zur Alleinerbin ein. Dann hätten sowohl der Sohn als auch die Ehefrau einen Pflichtteilsanspruch.*

Beachten Sie: Verzichtet ein Abkömmling, so wird vermutet, dass dies zugunsten der anderen Abkömmlinge und des Ehegatten des Erblassers erfolgt ist. Wollen Sie das nicht, müssen Sie es zum Ausdruck bringen.

**Form des Erbverzichts**

Der Erbverzicht muss notariell beurkundet werden. Der Erblasser muss persönlich erscheinen; der Verzichtende kann sich vertreten lassen. Sicherheitshalber sollte mitbeurkundet werden, warum der Betreffende verzichtet (Juristendeutsch: Verpflichtungs- bzw. Kausalgeschäft). Im Falle der Abfindung ist die Sache klar; wenn der Verzicht allerdings ohne Gegenleistung, also schenkweise erfolgt, sollte dies vermerkt werden.

### Beseitigung des Erbverzichts

Der Erbverzicht kann durch Notarurkunde aufgehoben werden, für die die gleichen Formvorschriften gelten wie für den Verzicht selbst. Auch hierbei sollte mitbeurkundet werden, weshalb die Aufhebung erfolgt (Juristendeutsch: Verpflichtungsgeschäft).

Der Erblasser ist übrigens nicht gehindert, den Verzichtenden später wieder testamentarisch zum Erben einzusetzen.

Weiter kann der Verzicht angefochten werden, wenn der Verzichtende getäuscht oder bedroht wurde oder sich in einem Irrtum befand. Ein solcher Irrtum kommt in Betracht, wenn der Abfindungsbetrag auf Grundlage unzutreffender Werte ermittelt wurde, der Erblasser beispielsweise erhebliches Auslandsvermögen nicht offenbart hat.

### Was, wenn die vereinbarte Abfindung nicht bezahlt wird?

Hier soll Folgendes der Veranschaulichung dienen:

**Beispiel** *Der Sohn verzichtet auf das Erbrecht nach dem Vater gegen vereinbarte Abfindung von 50.000 EUR, von denen in der Folge aber nur 10.000 EUR eingehen; jede weitere Zahlung verweigert der Vater wegen eines Zerwürfnisses. Der Verzicht ist in Kraft getreten mit Unterschrift beim Notar. Kann der Sohn in einem solchen Fall davon wieder loskommen?*

Die Rechtslage an diesem Punkt ist so kompliziert, dass auf Beratung verwiesen werden muss. Um jeden Zweifel zu vermeiden, sollte der Verzicht in der Notarurkunde unter die förmliche Bedingung gestellt werden, dass die Abfindung gezahlt wurde. Dann wirkt er erst ab Zahlungseingang.

## Pflichtteilsverzicht

Daneben besteht die Möglichkeit, nicht auf das umfassende Erbrecht, sondern nur auf den Pflichtteilsanspruch zu verzichten. Dies ist ein in der Praxis häufiger Fall.

**Wer kann verzichten?**
Verzichten können nur – mögliche – Pflichtteilsberechtigte, also Ehegatten, Abkömmlinge und Eltern.

**Wirkungen des Pflichtteilsverzichts**
Wer auf den Pflichtteil verzichtet, behält sein Erbrecht und wird bei der Ermittlung der Pflichtteilsquoten mitgezählt. Er muss also, um im Erbfall tatsächlich auf null gesetzt zu sein, noch förmlich enterbt werden. Vergisst der Erblasser dies, wird der Verzichtende gleichwohl Erbe.

Der Verzicht erstreckt sich auch auf seine Abkömmlinge, denn der Pflichtteilsverzicht ist ein bloßer Unterfall des Erbverzichts. (Anders im Fall der Enterbung, § 1938 BGB.)

**Beispiel zum Hauptanwendungsfall** *Die Interessenlage, die zum Pflichtteilsverzicht führt, sei an einem Beispiel erläutert: Eheleute mit zwei Kindern verfügen als einzigen Vermögensgegenstand neben einem gemeinschaftlichen Sparbuch mit 20.000 EUR über ein abbezahltes Einfamilienhaus im Wert von 300.000 EUR, das im Miteigentum zu je 1/2 steht. Beabsichtigen sie ein Berliner Testament, so ergäbe sich beim Tod des Ehemannes folgende pflichtteilsrechtliche Konsequenz:*

*Pflichtteilsquote je Kind: 1/4 Erbteil : 2 = 1/8.*
*Pflichtteilsnachlass 300.000 + 20.000 = 320.000 : 2 (Anteil des Erblassers) = 160.000 abzüglich Beerdigungskosten 10.000 = 150.000 EUR.*

*Jedes Kind hätte also Anspruch auf 1/8 entsprechend 18.750 EUR. Machen beide den Pflichtteil geltend, ist die Witwe mit einem Geld-*

*anspruch von 37.500 EUR belastet, den sie aus dem Barvermögen des Nachlasses nicht erfüllen kann. Sie muss also im Zweifel die Immobilie verkaufen, denn nach den Grundsätzen von Basel II wird sie als Rentnerin keinen Kredit mehr erhalten, selbst wenn sie die Immobilie als Sicherheit bietet (Bankerspruch nach Basel II: Wir sind keine Pfandleihen).*

Hier bietet sich Folgendes an: Durch Erbvertrag, an dem Eltern und Kinder beteiligt sind, setzen sich die Ehegatten zu alleinigen Erben und die Kinder bindend zu Schlusserben ein; diese verzichten im Gegenzug auf Pflichtteil nach dem Erstversterbenden. Damit kann sich die Witwe des ungeschmälerten Erbes erfreuen und die Kinder sind – jedenfalls auf dem Papier – sicher, später Erben werden zu können.

Häufig besteht jedoch ein **Risiko:** Wird die Mutter über lange Jahre schwerstpflegebedürftig, so muss im Zweifel die Immobilie verwertet werden, und die Kinder erhalten im Todesfall der Mutter nichts mehr, obschon sie Erben geworden sind. Es will also auch der Tausch „Pflichtteilsverzicht gegen Erbeinsetzung" wohlüberlegt sein.

## Erbrechtlich relevante lebzeitige Zuwendungen („mit warmer Hand")

### Schenkung oder Teilschenkung

Zur Verdeutlichung der Problematik sei auf Folgendes verwiesen.

**Beispiel** *Wenn Sie 65 sind, dann werden Sie nach der Statistik (Sterbfalltafel 2002/2004) noch 16,26 Jahre zu leben haben. Womöglich zieht es Sie für den Lebensabend an den Plattensee. Wenn Sie nun zwei Mietshäuser Ihr Eigen nennen mit einem Wert von 500.000 EUR, dann könnte Ihre Rechnung so aussehen: 500.000 dividiert durch 16,26 Jahre dividiert durch 12 Monate ergibt monatlich 2.562 EUR, mit denen am Plattensee ein fürstliches Leben möglich sein* *sollte. Finden Sie jemanden, der die Mietshäuser übernimmt gegen Zahlung einer lebenslangen monatlichen Rente in dieser Höhe, so ist im Rahmen dieses Geschäfts eine angemessene Gegenleistung vereinbart worden und die Transaktion hätte keinerlei erbrechtliche Folgen, wäre reines Geschäft unter Lebenden wie ein Zigarettenkauf.*

Alles, was Sie jedoch unter Lebenden weggeben, ohne eine solche angemessene Gegenleistung dafür zu erhalten (Schenkung oder Teilschenkung), fehlt später am Erbe. Sie sollten also bei einer jeden derartigen Transaktion die erbrechtliche Konsequenz im Auge behalten – und zwar unabhängig davon, ob Sie an mögliche gesetzliche Erben oder an sonstige Dritte schenken.

**Weiteres Beispiel** *Aus momentaner Verärgerung, dass niemand aus der Sippe an Ihr Krankenlager findet, weisen Sie die Bank an, Ihr gesamtes Geldvermögen auf die Haushaltshilfe zu übertragen, die Ihnen stets Kuchen und Wein ins Spital gebracht hat. Zwei Tage später schließen Sie die Augen für immer und im Übrigen vermögenslos sowie ohne Testament. Dann ist die Haushaltshilfe einem Durchgriffsanspruch der Erben ausgesetzt, weil der Nachlass deren Pflichtteil nicht deckt, § 2329 Abs.1 BGB, und muss auf Verlangen die Hälfte des Erwerbs wieder hergeben.*

## Arten der schenkweisen Zuwendungen

Manche Zuwendungen tragen erbrechtliche Konsequenzen sozusagen in sich, da sie kraft Gesetzes ausgleichungspflichtig sind. Bei den anderen müssen Sie stets überlegen, ob sie ihnen Auswirkungen für den Erbfall beilegen wollen.

## Ausgleichungspflicht kraft Gesetzes

Kraft Gesetzes ausgleichungspflichtig sind Ausstattungen, also Zuwendungen der Eltern an Kinder aus Anlass der Heirat oder der Existenzgründung oder des Eintritts ins selbständige Leben (Bauplatz zur Hochzeit, „Startkapital"). Da das Gesetz davon ausgeht, dass Eltern ihre Kinder gleich behandeln wollen, wird bei einer späteren Erbauseinandersetzung so getan, als sei das weggegebene Vermögen noch vorhanden, und der Wert dem Beschenkten auf seinen Erbteil angerechnet. Nach Maßgabe dieses Erbteils bestimmt sich auch sein Pflichtteil. Das Gleiche gilt für Zuschüsse zum Einkommen oder für Unterhalt, wenn er nach den Einkommens- und Vermögensverhältnissen der Eltern als unverhältnismäßig anzusehen ist.

**Beispiel** *Eine Witwe mit karger Rente schießt ihrem jüngsten Sohn mit den zwei süßen Enkelein monatlich die Hälfte dieser Rente zu, da er seine Familie allein nicht verhalten kann.*

Wenn Sie eine Ausgleichungspflicht für derartige Zuwendungen nicht wünschen, müssen Sie es ausdrücklich anordnen. Bei Ausstattungen hat dies allerdings keine Auswirkung auf die Pflichtteilsberechnung (§ 2316 Absatz 3 BGB).

### Ausgleichungspflicht durch Anordnung

Alle anderen Arten von Zuwendungen sind ausgleichungspflichtig nur dann, wenn Sie es bei der Zuwendung ausdrücklich anordnen (§ 2050 Absatz 3 BGB). Verwenden Sie zweckmäßigerweise hierbei das Wort „ausgleichungspflichtig". Im Zweifel wird auch ausreichen, wenn Sie zum Ausdruck bringen, dass die Zuwendung „auf das Erbe angerechnet" werden soll.

### Anrechnung von Zuwendungen auf den Pflichtteil

Wollen Sie sich vorbehalten, den Beschenkten einmal zu enterben, liegt es nahe, das Geschenk auch auf den Pflichtteilsanspruch anrechnen zu lassen. Auch dies müssen Sie bei der Zuwendung ausdrücklich zur Kenntnis bringen (§ 2315 Absatz 1 Satz 1 BGB).

### Hintertüren offenhalten

Wie Sie gesehen haben, wirken die Ausgleichungs- und Anrechnungsanordnungen regelmäßig nur dann, wenn sie bei der Zuwendung ausgesprochen werden. Nachträgliche Anordnung ist grundsätzlich nicht möglich, denn dem Beschenkten soll bereits bei der Zuwendung klar sein, dass sie auszugleichen oder anzurechnen ist, damit er sie ablehnen kann (nicht recht einsehbar, aber Gesetz).

Der Gesetzgeber beabsichtigt indessen, solche Bestimmungen auch nachträglich zuzulasssen.

Indessen steht es Ihnen frei, etwaige Ausgleichungs- oder Anrechnungspflichten später wieder aufzuheben. Bei der Ausgleichungspflicht muss dies durch Testament oder Erbvertrag geschehen, bei der Anrechnung auf Pflichtteil bedarf es keiner Form.

**Kann das Sozialamt „anfechten"?**
Eine in der Praxis häufig gestellte Frage geht dahin, ob „Heim" oder Sozialhilfeträger eine schenkweise Übertragung „anfechten" können, wenn der Vermögensgegenstand später wegen nicht gedeckter Pflegekosten benötigt wird.

**Beispiel** *Ein verwitweter Vater schenkt seinem Sohn sein Eigenheim, den einzigen Vermögensgegenstand, und wird sodann pflegebedürftig. Die Rente nebst Pflegegeld reicht zur Zahlung der Heimkosten nicht aus, so dass der Sozialhilfeträger einspringen muss.*

**Grundsatz**
Das „Heim" hat keinerlei Möglichkeiten. Anders das Sozialamt: § 102 SGB XII – Sozialgesetzbuch, zwölftes Buch, betreffend die Sozialhilfe – besagt, dass der Erbe mit dem gesamten Nachlass (bis auf einen geringfügigen Freibetrag) haftet für die Sozialhilfe, die dem Erblasser in den letzten zehn Jahren vor dem Tod gewährt worden ist. Diese Vorschrift bezieht sich auf Nachlass, der zum Todeszeitpunkt noch vorhanden ist.

**Rückforderung lebzeitiger Schenkungen**
Die Rückforderung lebzeitiger Schenkungen kommt indessen in Betracht unter folgendem Gesichtspunkt: Wer verarmt, nachdem er etwas verschenkt hat, kann das Geschenk zurückfordern (§ 528 Absatz 1 Satz 1 BGB). Der Sozialhilfeträger kann diesen Rückforderungsanspruch auf sich überleiten (§ 93 SGB XII) und sodann selbst geltend machen. Diese Überleitung kann auch noch nach dem Tode geschehen und wirkt zurück auf den Zeitpunkt, zu dem die Sozial-

hilfe beantragt wurde. Sind zwischen Schenkung und Verarmung zehn Jahre verstrichen, ist der Anspruch ausgeschlossen (§ 529 Absatz 1 BGB). **Wichtig:** Die Verarmung selbst muss in die Zehnjahresfrist fallen, nicht der Umstand, der zur Verarmung führt. Dies kann den künftigen Erben übrigens zu der Erwägung leiten, eine gewisse Zeitspanne aus eigenen Mitteln zu überbrücken.

**Beispiel** *Der Vater überträgt 1995 sein Hausgrundstück und wird 2002 pflegebedürftig. Das sonstige Vermögen reicht zur Deckung der Pflegekosten bis 2006 aus, erst sodann tritt Verarmung ein und wird Sozialhilfe beantragt. In diesem Fall könnte das Sozialamt nichts überleiten.*

## Vermögensübertragungen unter Lebenden aus steuerlichem Grund

Gegen Ende eines Jahres haben Notare meist Hochkonjunktur, weil die Zeitung meldet, man müsse zur Vermeidung höherer Erbschaft- oder Schenkungsteuer Vermögen noch im alten Jahr übertragen. Diese Arten der Zuwendung wollen wir nur streifen. Im Regelfall laufen sie darauf hinaus, im wirtschaftlichen Ergebnis keinerlei Änderung eintreten zu lassen („Nur hier unterschreiben, und alles bleibt, wie es ist"). Zwar wird den Abkömmlingen oder der Ehefrau Vermögen übertragen, indessen bleiben alle Nutzungsvorteile (beispielsweise Wohnwert) und Erträge (Mieten/Pachten/Zinsen) beim Veräußerer. Der Erwerber wird dann zwar formell Eigentümer, hat aber vom Eigentum zumeist nichts Spürbares, außer dass er ab sofort Grundsteuer, Versicherung, Erschließungsbeiträge zahlen muss. Über Sinnhaftigkeit und Nutzen derartiger Transaktionen sollten Sie sich beim Steuerberater informieren, da zumeist nur steuerliche Auswirkungen gewollt sind.

**Beispiel** *Der Vater, 65 Jahre alt, überträgt auf seinen Sohn ein Mietshaus gegen monatliche Rente. Diese Rente ist beim Sohn steuerlich absetzbar als dauernde Last, rechnet also den Werbungskos-*

*ten des Erwerbs zu. Der Vater hingegen muss sie versteuern, genießt jedoch als Rentner meist einen wesentlich geringeren Steuersatz als der Sohn. Weiter läuft im Hinblick auf Erbschaft- und Schenkungsteuer die Zehnjahresfrist, so dass, überlebt der Vater das 75. Jahr, zweimal Freibetrag ausgeschöpft werden kann, sei es durch weitere Schenkung, sei es im Erbfall.*

## Risiken

Mit jeder lebzeitigen Begünstigung ziehen Sie sozusagen einen Wechsel auf die Zukunft. Stellen Sie jedoch stets ins Kalkül, dass sich die Ausgangslage fundamental ändert.

Die Abschätzung des jeweiligen Risikos und ob Sie die Folgen auf sich nehmen, können nur Sie selbst entscheiden. In jede anwaltliche oder notarielle Beratung sollten Sie diese Entscheidung zweckmäßigerweise mitbringen. Vorsorge treffen kann man nur in gewissem Rahmen; und alle Eventualitäten abzusichern ist unmöglich. Bedenken Sie stets auch unter dem steuerlichen Aspekt der Freibeträge: Wenn Sie viele Rückforderungsbedingungen in die Übertragung einbauen, diese möglicherweise auch noch im Grundbuch absichern lassen, ist das kontraproduktiv. Denn das Finanzamt akzeptiert eine Übertragung grundsätzlich nur dann, wenn nicht nur formell, sondern auch wirtschaftlich Eigentum übergeht. Behalten Sie sich also zu viele Rechte vor (Wohnrecht, Erträge), so wird die Transaktion im Zweifel als Schenkung nicht anerkannt. Zwischen den Überlegungen „Wer weiß, ob ich es eines Tages nicht doch noch einmal brauchen kann" einerseits, „Wer weiß, was aus den Kindern wird" andererseits, „Das Finanzamt soll auf keinen Fall etwas bekommen" drittens ist eine vollständig befriedigende vermittelnde Lösung, die alle Aspekte voll zum Tragen bringt, kaum möglich. Eine der Kröten werden Sie verzehren müssen.

**Eigener Scheidungsfall**
Die geläufigste Art des Scheiterns solcher Ausgangslagen ist die Scheidung vom Ehepartner. Wollten Sie diesen für den Erbfall begünstigen wie oben skizziert, haben Sie also Vermögen auf ihn übertragen als ehebedingte Zuwendung, oder gar Gütergemeinschaft vereinbart, so ist zwar für den Erbfall bestens vorgesorgt, indessen im Zweifel das hälftige Vermögen durch die Ehekrise verloren. (Motto: Warum schenken Sie nicht gleich einem Partner, den Sie nicht leiden können, hunderttausend Euro und ein abbezahltes Haus?)

**Zerwürfnis mit Abkömmlingen**
Ein zunächst begünstigter Abkömmling wandelt sich charakterlich unter schlechtem Einfluss.

**Gängige Beispiele**
*Die Lieblingstochter fällt auf einen Filou herein, der ihr alles Geld abnimmt.*

*Eine Halbseidene heiratet den willenlosen und von Ihnen bestens ausgestatteten Sohn.*

**Moralische Besserung des Ausgeschlossenen**
Ebenso kann es geschehen, dass ein zunächst von Ihnen Zurückgesetzter charakterlich wieder auf die Beine kommt.

**Eigenbedarf**
Niemand kann ausschließen, das Vermögen doch noch dermaleinst für eigene Zwecke zu brauchen. Mit Wilhelm Busch zu sprechen: „Denn hinderlich, wie überall/ist hier der eigne Pflegefall".

**Fremder Scheidungsfall**
Übergeben Sie Grundvermögen an einen Sohn aus Anlass seiner Verheiratung, so liegt nahe, dass dieser 1/2 an seine geliebte Ehefrau weiterschenkt, damit auch diese abgesichert sei. Geht nun die Ehe zu Bruch, so zieht die im Zweifel nicht mehr sehr erwünschte Schwiegertochter mit der Hälfte Ihres Geschenks von dannen.

# Gezielter Einsatz der erbrechtlichen Instrumente

Zentrale Fragen des Erbrechts im Hinblick auf Ihre Gestaltungsmöglichkeiten sind: Wer soll was von meinem Vermögen erhalten und wann? Und wie kann ich vermeiden, dass unter den Beteiligten Streit entsteht?

## Erbschaft- und Schenkungsteuerrecht

Eine Überlegung ist regelmäßig, dass das Finanzamt möglichst wenig erhalten soll.

**Derzeit unklare Verhältnisse**
Nach einer Entscheidung des Bundesverfassungsgerichts vom 7. 11. 2006 ist das Erbschaftsteuergesetz in bisheriger Gestalt wegen Verstoßes gegen den Gleichheitsgrundsatz verfassungswidrig. Der Gesetzgeber muss bis 31. 12. 2008 eine Neuregelung getroffen haben. Wie diese aussehen wird, ist derzeit nur in Ansätzen abschätzbar. Dargestellt wird hier, was bisher galt, denn im Wesentlichen soll zumindest im Hinblick auf Steuerklassen und Freibeträge – wohl – alles prinzipiell beim Alten bleiben.

**Was wird besteuert?**
Der Gesetzgeber behandelt Erbschaften und Schenkungen, also den Erwerb von Todes wegen und denjenigen unter Lebenden, gleich. Der Grund ist, dass durch Schenkungen vor dem Tod nicht Erbschaftsteuer umgangen werden soll. Besteuert wird jeder Erwerb, für den vom Empfänger keine Gegenleistung erbracht wird.

Daneben wird bei mehreren erbrechtlich Beteiligten dasjenige, was bei einem jeden von diesen letztlich „ankommt" (Juristendeutsch: die Bereicherung), besteuert. Es wird also nicht die Erbengemeinschaft als Ganzes besteuert.

**Beispiel** *Erben sind die Kinder A und B zu je 1/2; Kind C ist enterbt mit einer Pflichtteilsquote von 1/6, dem Skatbruder D ist ein Vermächtnis über 10.000 EUR ausgesetzt. Der Nachlass besteht aus 100.000 EUR Festgeld, die Beerdigungskosten betragen 10.000 EUR. Dann versteuern: D das Vermächtnis über 10.000 EUR, C einen Pflichtteil von (100.000 EUR – 10.000 EUR Beerdigungskosten = 90.000 EUR : 6 =) 15.000 EUR, A und B jeweils einen Betrag nach Abzug aller Verbindlichkeiten von (100.000 EUR – 10.000 EUR Beerdigungskosten – 10.000 EUR Vermächtnis – 15.000 EUR Pflichtteil = 65.000 EUR : 2 =) 32.500 EUR.*

Nicht besteuert werden besondere Arten von Gegenständen oder Zuwendungen je nach Empfänger, zum Beispiel Hausrat, Wäsche und Kleidungsstücke bei den nächsten Verwandten bis zum Wert von 41.000 EUR, sonstige Gegenstände (Fahrzeuge etwa) bis 10.300 EUR. Wegen der Einzelheiten sollten Sie zunächst die viereinhalb Seiten des § 13 ErbStG lesen (von denen vier Seiten nahezu unverständlich sind; nur die Passagen mit dem Hausrat sind einigermaßen nachzuvollziehen). **Wichtig:** Die Wertgrenze gilt für jeden Beteiligten.

Weiter sieht das Gesetz in § 13a ErbStG vor, dass Betriebsvermögen (auch Landwirtschaft und Anteile an inländischen Kapitalgesellschaften von mehr als 25 %) bis zu einem Betrag von 225.000 EUR steuerfrei bleibt. Dieser Betrag gilt jedoch für den gesamten Betrieb, nicht je einzelnem Erben.

## Wie errechnet sich die Steuer?

Hier spielen – von der Frage der Bewertung der Nachlassgegenstände abgesehen – drei Begriffe eine Rolle: Steuerklasse, Freibetrag und Steuersatz.

## Steuerklasse

Das Gesetz sieht drei Steuerklassen vor, die sich (1) nach dem Grad der Verwandtschaft des Erwerbers zum Erblasser richten sowie (2) nach der Art des Erwerbs. Den Steuerklassen sind jeweils verschiedene Freibeträge zugeordnet. Die Einzelheiten ergeben sich aus der Übersicht unten.

Auf die Art des Erwerbs sollte man achten, wenn eine Schenkung im Verhältnis zwischen Eltern und Kindern einmal zurückfließt. Beispiel: Vater schenkt Sohn eine Immobilie. Der Erwerb ist in Klasse I zu versteuern. Jahre später schenkt der Sohn dem Vater die Immobilie wieder zurück: Es fällt Steuer aus Klasse II an. Auch sind die Freibeträge verschieden; dazu sogleich.

**Freibetrag**
Mit Freibetrag ist der Wert gemeint, den Sie der Steuer nicht unterwerfen müssen, der Ihnen also steuerfrei zukommt.

**Arten**
Die wichtigsten Freibeträge sind die allgemeinen oder persönlichen (§ 13 Absatz 1 ErbStG) und die Versorgungsfreibeträge für Ehefrau und Kinder (§ 17 ErbStG; auf die Versorgungsfreibeträge wird der Wert von gesetzlichen Witwen- und Waisenrenten und Beamtenpensionen angerechnet mit einem kapitalisierten Wert). Sie unterscheiden sich nach der Steuerklasse, also wiederum nach Verwandtschaftsgrad und Art des Erwerbs; die Versorgungsfreibeträge für Kinder nach deren Alter. Der Ehegatte kann weiter den Wert seines fiktiven Zugewinnausgleichsanspruchs abziehen, § 5 ErbStG; an diesem Punkt ist anwaltliche Beratung unverzichtbar. In der Übersicht:

| Steuer-klasse | Erwerber | Freibetrag |
|---|---|---|
| I | Ehegatte<br>(nicht: Verlobter oder eingetragener Lebenspartner) | Persönlicher Freibetrag:<br>307.000 EUR (geplant: 500.000 EUR)<br>Versorgungsfreibetrag:<br>256.000 EUR<br>Fiktiver Zugewinnausgleich |

| Steuer-klasse | Erwerber | Freibetrag |
|---|---|---|
| I | Kind, Stiefkind | Persönlicher Freibetrag: |
| | Adoptiertes Kind gegenüber den leiblichen Eltern | 205.000 EUR (geplant: 400.000 EUR)<br>Versorgungsfreibetrag zwischen 52.000 EUR bei Lebensalter von bis zu 5 Jahren, 10.300 EUR bis zu 27 Jahren (§ 17 ErbStG) |
| | Enkel bei vorverstorbenen Eltern | 205.000 EUR (geplant: 400.000 EUR) |
| | Enkel und Urenkel; Eltern und Großeltern im Erbfall | 51.200 EUR (geplant: 200.000 EUR) |
| II | Eltern und Großeltern bei Schenkung | 10.300 EUR (geplant: 20.000 EUR) |
| | Geschwister<br>Neffen, Nichten<br>Stiefeltern<br>Schwiegerkinder, Schwieger-eltern<br>geschiedener Ehegatte | 10.300 EUR (geplant: 20.000 EUR) |
| III | Alle Übrigen | 5.200 EUR(geplant: 20.000 EUR) |

**Mehrmaliges Ausschöpfen des Freibetrags (Zehnjahresfrist)**
Als Faustregel gilt: Sie dürfen die Freibeträge alle zehn Jahre ausschöpfen.

**Beispiel** *Ein Witwer verfügt über eine Million EUR und zwei Kinder über 27 Jahre. Stirbt er ohne Testament, entfallen auf jedes Kind 500.000 EUR. Zu versteuern hätte ein jedes 500.000 EUR abzüglich Freibetrag 205.000 EUR = 295.000 EUR in Steuerklasse I. Er könnte jedoch je Kind 200.000 EUR zu Lebzeiten verschenken. Dies Geschenk müssten die Kinder, da der Freibetrag von 205.000 EUR nicht überschritten ist, zunächst nicht versteuern. Verstirbt der Vater in einer Frist von zehn Jahren ab Erhalt des Geschenks und hinterlässt* *noch 600.000 EUR, so entfällt auf jedes Kind ein Erbe von 300.000 EUR. Da sämtliche Erwerbe innerhalb der Zehnjahresfrist zusammengerechnet werden, hätten sie wiederum jeweils 500.000 EUR zu versteuern. Überlebt jedoch der Vater die Zehnjahresfrist, fällt für die Schenkung keine Steuer an und der Freibetrag kann wieder voll ausgenutzt werden. Zu versteuern wären also nur 300.000 EUR abzüglich 205.000 EUR = 95.000 EUR.*

**Steuersatz**

Die Steuersätze steigen mit abnehmender Verwandtschaft und mit der Höhe des Erwerbs. Der höchste Steuersatz ist 50 %, der niedrigste 7 %. Nachstehend in der Übersicht:

| Wert des Erbes in EUR | I | II | III |
|---|---|---|---|
| 52.000 | 7 | 12 | 17 |
| 256.000 | 11 | 17 | 23 |
| 512.000 | 15 | 22 | 29 |
| 5.113.000 | 19 | 27 | 35 |
| 12.783.000 | 23 | 32 | 41 |
| 25.565.000 | 28 | 37 | 47 |
| über 25.565.000 | 30 | 40 | 50 |

**Besonderheit:** Dabei wird jeweils der volle Betrag dem zugeordneten Steuersatz unterworfen, mit theoretisch folgender Konsequenz: Erben Sie 256.000 EUR in Steuerklasse III, so zahlen Sie 23 % hierauf entsprechend 58.880 EUR. Erben Sie 256.002 EUR, so sind es 29 % hierauf entsprechend 74.240 EUR. Ein Mehrbetrag von 2 EUR bewirkte also eine Mehrsteuer von 15.360 EUR. Zur Vermeidung solcher Härtefälle ordnet das Gesetz an, dass Ihnen vom Mehrbetrag mindestens die Hälfte bleiben muss bei Steuersätzen bis 30 %, mindestens 1/4 bei Steuersätzen darüber. Sie zahlen also im Beispielsfall nur 58.880 + 1 = 58.881 EUR.

Mit der **Erbschaftsteuerreform** ist Folgendes geplant:

| Wert des Erbes in EUR | I | II | III |
|---|---|---|---|
| 75.000 | 7 | 30 | 30 |
| 300.000 | 11 | 30 | 30 |
| 600.000 | 15 | 30 | 30 |
| 6.000.000 | 19 | 30 | 30 |
| 13.000.000 | 23 | 50 | 50 |
| 26.000.000 | 27 | 50 | 50 |
| über 26.000.000 | 30 | 50 | 50 |

**Bewertung**

Die bisherige Gesetzeslage an diesem Punkt hat das Bundesverfassungsgericht für grundgesetzwidrig erklärt. Es hat den Grundsatz formuliert, dass alle Nachlassgegenstände mit dem (Juristendeutsch) „gemeinen" Wert angesetzt werden, demjenigen Preis also, der auf dem Markt für den jeweiligen Gegenstand erhältlich ist. Die bisherige Regelung des Bewertungsgesetzes, wonach für Barvermögen, Immobilien, Betriebsvermögen usw. jeweils ganz unterschiedliche Wertansätze eingriffen, gilt nur noch bis spätestens 31. 12. 2008 fort.

**Wann entsteht die Steuer?**

Die Steuer betreffend Erben und Vermächtnisnehmer entsteht mit dem Tode. Die Steuer auf den Pflichtteil entsteht mit dessen Geltendmachung durch den Berechtigten gegenüber dem Erben. **Wichtig:** Jeder Erwerb ist dem Finanzamt binnen dreier Monate nach erlangter Kenntnis zu melden. Dies gilt nicht bei notariellen Testamenten oder Schenkungen, weil diese dem Finanzamt ohnehin durch den Notar übermittelt werden müssen; allerdings nur, wenn sich der Empfänger aus der Urkunde „unzweifelhaft ergibt" (§ 30 Absatz 3 ErbStG), vom Finanzamt also ohne weiteres identifiziert werden kann.

**Wer haftet für die Steuer?**
Grundsätzlich haftet jeder Erwerber, gleich ob Alleinerbe, Miterbe, Vermächtnisnehmer, Pflichtteilsberechtigter oder Beschenkter, dem Finanzamt für die Steuer aus seinem eigenen konkreten Erwerb. Darüber hinaus haften

- im Falle einer Schenkung auch der Schenker,
- im Falle einer noch nicht geteilten Erbengemeinschaft der gesamte Nachlass für die Steuern aller Beteiligter,
- der Testamentsvollstrecker für alle Steuerpflichten, die das von ihm verwaltete Vermögen betreffen, und zwar im Zweifel auch persönlich.

## Wer soll was erhalten?

Bevor Sie an die Einzelheiten der Gestaltung gehen, sollten Sie orientiert sein zu der Frage: Wollen Sie die gesetzlichen Erben gleichbehandelt wissen, oder einen von ihnen, oder einen Dritten, bevorzugen, oder ausdrücklich zurücksetzen?

**Alle sollen bekommen, was ihnen nach dem Gesetz zusteht**
In diesem Fall müssen Sie nur dafür sorgen, dass sämtliche Ihrer lebzeitigen Zuwendungen an Ihre Abkömmlinge mit Ausgleichungspflichten verknüpft werden. Tragen Sie Sorge, dass solche Zuwendungen nebst den Ausgleichungsanordnungen dokumentiert und den anderen bekannt sind.

**Ich will meinen Ehepartner absichern**
Dies dürfte in der Regel die erste Sorge sein.

**Grundsatz: Berliner Testament**
Die Absicherung ruft zunächst nach der Alleinerbeneinsetzung des Ehepartners, also einem „Berliner Testament". Hierbei sind nun vor-

rangig die drohenden Pflichtteilsansprüche zu bedenken, also diejenigen Ihrer Kinder oder Enkel (oder Ihrer Eltern, wenn Sie kinderlos sind). Solche Ansprüche sind in barem Geld zu erfüllen, so dass Sie als ersten Schritt eine Vermögensaufstellung fertigen sollten nebst einer Pflichtteilsabrechnung als Momentaufnahme. Gibt der Nachlass das danach erforderliche Barvermögen her, so kann der überlebende Ehegatte dem Pflichtteilsanspruch beruhigt entgegensehen.

### Wenn es an Bargeld fehlt

Gibt hingegen der Nachlass Barvermögen in Pflichtteilshöhe nicht her, wenn er nämlich, wie üblich, ganz überwiegend aus dem abbezahlten Familienheim besteht, wird Ihr Plan nicht aufgehen. In diesem Falle müssten Sie entweder die Pflichtteilsberechtigten zu einem Pflichtteilsverzicht motivieren und einen Erbvertrag schließen wie oben (S. 64) skizziert, oder aber Sie sehen von der Alleinerbeneinsetzung der Ehefrau ab und räumen den Kindern oder Eltern einen Miterbenanteil ein. Dann entsteht jedoch eine Erbengemeinschaft, in deren Rahmen der überlebende Ehegatte im Zweifel Nutzungsentschädigung für die eheliche Wohnung zu zahlen hätte. Wollen Sie dies vermeiden, vermachen Sie ihm ein Wohnrecht oder einen Nießbrauch als Vorausvermächtnis. Damit ist er aber nur halb gesichert. Denn liegt der Erbteil, den Sie dem Pflichtteilsberechtigten zuwenden, über der Pflichtteilsquote, kann er ihn ausschlagen und doch wieder den unerwünschten Pflichtteil verlangen (§ 2306 Absatz 1 Satz 2 BGB); oder aber es gilt, wenn der Erbteil kleiner oder gleich der Pflichtteilsquote ist, das Vermächtnis als nicht angeordnet (§ 2306 Absatz 1 Satz 1 BGB), was dem Ehegatten ebenso wenig bringt.

In dieser Situation können Sie also durch Verfügung von Todes wegen fast gar nichts richtig machen.

### Lebzeitige Verfügungen

Doch bleiben Ihnen lebzeitige Transaktionen möglich. Es bietet sich an, dem jeweiligen Ehegatten den lebenslangen Nießbrauch an dem hälftigen Miteigentumsanteil des anderen sogleich bei Erwerb der

Immobilie (oder auch später) einzuräumen und in das Grundbuch eintragen zu lassen. Belässt man es sodann bei gesetzlicher Erbfolge, so entsteht zwar eine Erbengemeinschaft mit den Abkömmlingen, die Immobilie ist jedoch für die Miterben wegen des Nießbrauchs wertlos. Eine Ausschlagungsmöglichkeit mit der Konsequenz, dass Pflichtteilsansprüche entstünden, besteht nicht. Etwaiges Barvermögen müsste allerdings geteilt werden.

**Güterrechtliche Regelungen?**

Hat der eine Ehegatte das gesamte Vermögen mit in die Ehe gebracht oder ist es aus anderen Gründen allein durch ihn in der Ehe erworben worden, so entstünde das oben geschilderte Problem nur bei dessen Vorversterben, allerdings mit der Verschärfung, dass der überlebende Ehegatte Pflichtteil aus dem gesamten Wert zu zahlen hätte. Im Fall von S. 63 ergäbe sich folgende Berechnung:

**Beispiel** *Nachlasswert: 300.000 Immobilie + 20.000 Bargeld – 10.000 Beerdigung = 310.000 EUR.*
*Hieraus Pflichtteil je Abkömmling* $^1/_8$ *= 38.750 EUR, bei zwei Kindern also 77.500 EUR.*

*Dann führt an der Veräußerung der Immobilie kein Weg vorbei, wenn auch nur ein Kind seinen Pflichtteil geltend macht.*

Wenn der vermögende Ehegatte nun zu Lebzeiten die Hälfte seines Vermögens auf den anderen überträgt, so stellt dieser Sachverhalt eine sogenannte ehebedingte Zuwendung dar, die wiederum Pflicht teils(ergänzungs)ansprüche auslöst, da während bestehender Ehe die Zehnjahresfrist nicht zu laufen beginnt, § 2325 Absatz 3 Halbsatz 2 BGB.

Eine Möglichkeit, den drohenden Pflichtteilsanspruch zu entschärfen, besteht bei dieser Sachlage in der Vereinbarung von Gütergemeinschaft, da die güterrechtliche Vereinbarung im Zweifel nicht als Schenkung gilt.

Die Rechtslage an diesem Punkt ist kompliziert, so dass Sie Beratung einholen sollten, wenn Sie einen solchen Schritt planen. Auch droht Schenkungsteuer (§ 7 Absatz 1 Nr. 2 ErbStG).
Wenn Sie die sogenannte Güterstandsschaukel in Erwägung ziehen (Heirat im Güterstand der Zugewinngemeinschaft, sodann Vereinbarung von Gütertrennung, danach wieder Vereinbarung von Zugewinngemeinschaft), den Zugewinnausgleichsanspruch also einmal konkret, das andere Mal pauschal zugunsten des Überlebenden Ehegatten in Ansatz bringen wollen, müssen Sie sich ebenfalls beraten lassen.

## Kann ich verhindern oder erschweren, dass gegen den überlebenden Ehegatten der Pflichtteil geltend gemacht wird?

Im Prinzip: Nein, es sei denn, Sie brächten die Kinder zum Pflichtteilsverzicht oder es lägen die (ganz seltenen) Voraussetzungen einer Pflichtteilsentziehung vor, etwa Ermordung des Erblassers oder zumindest Mordversuch durch den Pflichtteilsberechtigten. Man behilft sich mit sogenannten Pflichtteilsstrafklauseln. Ausgangslage ist ein Berliner Testament mit Schlusserbeneinsetzung der Kinder. Um denen die Geltendmachung von Pflichtteil nach dem Erstversterbenden zu verleiden, wird formuliert:

**Beispiel** *„Wer von unseren Abkömmlingen den Pflichtteil nach dem Erstversterbenden geltend macht, soll auch nach dem Überlebenden nur den Pflichtteil erhalten."*

Dieser – illoyale – Abkömmling muss sich dann überlegen, ob er für schnelles Geld im ersten Fall (Spatz in der Hand) die Schlusserbenposition (Taube auf dem Dach) aufs Spiel setzt. Dies wird er beispielsweise tun, wenn es sich beim Überlebenden um die zweite Ehefrau des Vaters handelt, die ebenso alt ist wie er selbst, so dass er absehen kann, den Schlusserbfall statistisch nicht mehr zu erleben.

Entschließt er sich hierzu und nimmt die Enterbung nach dem Überlebenden in Kauf, schmälert man für diesen Fall die Bemessungsgrundlage für die Pflichtteilsabrechnung im zweiten Fall durch die sogenannte Jastrow'sche Klausel. Sie läuft darauf hinaus, demjenigen Abkömmling, der den Pflichtteil nicht geltend macht, ein Vermächtnis in Höhe seines Erbteils nach dem Erstversterbenden auszusetzen, das erst mit dem Tode des überlebenden Ehegatten fällig wird und bis dahin verzinslich ist. Wegen der steuerlichen Probleme und der Schwierigkeiten bei Kindern aus mehreren Ehen müssen Sie sich zu diesem Punkt **zwingend beraten lassen**.

Beachten Sie steuerlich: Das Berliner Testament verschenkt die Kinderfreibeträge, erhöht zu Lasten des Überlebenden die Bemessungsgrundlage und führt im Schlusserbfall regelmäßig zur Doppelbesteuerung, da die Kinder zu versteuern haben, was der Überlebende bereits einmal versteuert hat.

**Patchworksituation**
Wollen Sie vorrangig den Partner absichern, jedoch sicherstellen, dass Ihr Vermögen auch bei Ihrem Stamm bleibt, so setzen Sie den Partner als Vorerben und ihre (bzw. die gemeinschaftlichen) Kinder als Nacherben ein. Ansonsten würde, wenn Sie vorversterben, mit dem Tod des Partners letztlich Ihr Vermögen teilweise an dessen Kinder fließen, was regelmäßig nicht erwünscht ist. Die Gestaltung bietet sich auch an für den Fall, dass Sie in eine reine Stiefelternsituation einheiraten, also ausschließlich fremde Kinder im Haushalt haben. Nacherben könnten dann Verwandte oder Freunde von Ihnen sein.

**Ich will einen Abkömmling gezielt bevorzugen**
Das Gesetz vermutet, dass Sie alle Abkömmlinge gleich behandeln wollen, und ordnet seine einzelnen Regelungen an dieser Vermutung aus. Manches Mal liegt das Gesetz mit dieser Vermutung aber falsch. Haben Sie ein Patent- bzw. Prachtmädel als Tochter und an-

sonsten nur zwei triefäugige Nichtsnutze in die Welt gesetzt, von denen Sie annehmen müssen, dass sie jegliche Erbschaft in die nächstgelegene Spelunke tragen, so wird die Vermutung für Sie nicht gelten. Dann liegt die Frage nahe, wie Sie der Tochter gezielt möglichst viel Vermögen zukommen lassen können.

**Auf den Todesfall**
müssten Sie zunächst Alleinerbschaft der Tochter anordnen, womit die anderen Pflichtteilsansprüche hätten. Damit geben Sie (wenn Sie etwa geschieden sind) der Tochter folgenden Vorzug: Deren gesetzlicher Erbteil ist $1/3$. Bei zwei Pflichtteilsberechtigten wäre sie Geldansprüchen ausgesetzt von 2 x $1/6$ = $1/3$ des Nachlasswertes. Es bleiben ihr nach Abzug des Pflichtteils $2/3$ des Nachlasswertes; Sie verbessern also ihre Position um das Doppelte.

**Bereits unter Lebenden**
könnten Sie zudem Vermögen übertragen. Denn was Sie hergeben, so dass es Ihnen zum Todeszeitpunkt nicht mehr gehört, unterfällt der Pflichtteilsabrechnung nur, wenn seit der Schenkung noch keine zehn Jahre verstrichen sind (dazu oben S. 26). Damit kürzen Sie im Ergebnis den Betrag, der den Nichtsnutzen zukommt, nochmals. Schenken Sie also der Tochter all Ihr Vermögen und leben sodann weitere elf Jahre, so erhalten die anderen beiden als Pflichtteil nichts mehr (bzw. entsprechend weniger, wenn Sie zum Todestag noch Vermögen übrig haben).

Ausgleichungspflichten sollten Sie im Rahmen solcher Schenkungen ausdrücklich nicht anordnen, und überdies von Ausstattungen aus Anlass von Heirat oder Existenzgründung absehen, weil diese bei der Pflichtteilsberechnung kraft Gesetzes nicht von der Ausgleichungspflicht ausgenommen werden können, § 2316 Absatz 3 BGB.

Sie sollten sich daher sicherheitshalber Rückforderungsrechte vorbehalten, insbesondere für den Fall von Pflegebedürftigkeit oder Verarmung (Stichwort: die Rente reicht nicht aus). In Verschärfung der Gesetzeslage, wonach ein Widerruf der Schenkung nur bei schweren

Verfehlungen und grobem Undank möglich ist (§ 530 Absatz 1 BGB), können Sie vereinbaren, dass hierfür schon leichter oder leichtester Undank ausreichen soll.

**Ich will einen Pflichtteilsberechtigten gezielt zurücksetzen**
Ist der zu einem Verzicht nicht bereit und liegen die Voraussetzungen einer Pflichtteilsentziehung nicht vor, müssen Sie ihn jedenfalls enterben. Sodann haben Sie prinzipiell zwei Möglichkeiten.

**Erhöhung der Anzahl der Pflichtteilberechtigten**
Sie können die Anzahl der Pflichtteilsberechtigten erhöhen, durch Heirat oder Wiederverheiratung, durch Zeugung weiterer Kinder oder Adoption.

**Beispiel** *Sie sind geschieden und haben einen einzigen, jedoch ungeliebten Sohn. Ihr Vermögen beträgt 100.000 EUR. Der Pflichtteil des Sohnes ist $^1/_2$, also stehen ihm 50.000 EUR zu. Heiraten Sie nun neuerlich und im gesetzlichen Güterstand, so schmälert sich die Erbquote auf $^1/_2$, der Pflichtteil auf $^1/_4$ und damit auf 25.000 EUR. Zeugen oder adoptieren Sie ein weiteres Kind in der Ehe, schmälert er sich weiter auf $^1/_8$ entsprechend 12.500 EUR. Heiraten Sie einen vermögenslosen Partner in Gütergemeinschaft, wächst dem Ehegatten hierdurch sogleich die Hälfte Ihres Vermögens zu; der Pflichtteil ist damit $^3/_4 : 2 = ^3/_8$ aus 50.000 EUR entsprechend 18.750 EUR (statt 25.000 EUR bei Zugewinngemeinschaft). Kommt noch ein Kind hinzu, sind es $^3/_{16}$ entsprechend 9.375 EUR statt 12.500 EUR.*

**Schmälerung der Bemessungsbasis (des „Topfes")**
Idealerweise sollten Sie beim Tode kein Vermögen mehr haben, müssten sich also zu Lebzeiten restlos arm machen und sodann noch zehn Jahre am Leben bleiben. Dies bedeutet alsbaldige Vermögensübertragung auf einen Genehmeren. Zum Erben können Sie sodann einsetzen, wen immer Sie wollen; er hätte ja ohnehin nichts davon. Verstirbt der Erblasser zehn Jahre nach der Transaktion, geht der Unerwünschte leer aus.

## Tod innerhalb der Zehnjahresfrist

Meist geht das Bestreben in solchen Fällen dahin, den Pflichtteilsberechtigten auch dann leer ausgehen zu lassen, wenn der Erblasser innerhalb der Zehnjahresfrist verstirbt. Um dies zu gewährleisten, wird bisweilen gewisse kriminelle Energie aufgewandt. Dies ist, vom Betroffenen her betrachtet, etwas misslich, denn bei geschickter Ausführung ist solchen Manövern schlecht beizukommen. Handelt es sich beim Vermögen des Erblassers um eine Kassette voller Schwarzgeld oder ein Nummernkonto in der Schweiz, so ist die geräuschlose Übertragung einfach. Bei der deutschen Tendenz zum abbezahlten Haus und zu Sparbüchern hinterlässt indessen jede diesbezügliche Transaktion urkundliche und recherchierbare Spuren. Gefährlich für den Empfänger des Vermögens ist es, wenn eine solche Transaktion als Schenkung zählt, denn dann löst sie (Juristendeutsch) Durchgriffsansprüche gegen ihn aus in Pflichtteilshöhe, vgl. das Beispiel mit der Haushaltshilfe auf S. 65. Also wird man seitens des Erblassers versuchen, den Tatbestand einer Schenkung zu vermeiden, zu umgehen. Denn eine Schenkung liegt nur insoweit vor, als keine angemessene Gegenleistung vereinbart ist.

## Manipulationsmöglichkeiten

Möglichkeiten zur Manipulation bieten sich in der Praxis durchaus; wie es im Einzelfall aussehen kann, sei anhand des Falles demonstriert, dass der maßgebliche Vermögensgegenstand (wie in Deutschland üblich) aus einer abbezahlten Doppelhaushälfte besteht.

## Aus Sicht des Erblassers

Auch hier Folgendes zur Veranschaulichung:

**Beispiel** *Der Erblasser E ist 79 Jahre alt und verwitwet, die Immobilie mit 150 qm Wohnfläche etwa 180.000 EUR wert, und der objektive Mietwert beträgt laut Mietspiegel 6 EUR/qm. Der Erblasser will möglichst bis zum Tod im Haus bleiben. Sein einziger und völlig missratener Sohn S soll auf keinen Fall etwas bekommen. Begünstigen will er seinen mittellosen Neffen N, der zu allen Schandtaten bereit* *ist. Es stellt sich für die Teilnehmer des Komplotts nun die Frage: Wie übertrage ich die Immobilie auf N und neutralisiere hierbei einen Wert von 180.000 EUR durch Gegenleistungen, wenn N einen solchen Betrag nicht aufbringen kann, E aber im Haus bleiben will?*

Zunächst wird E ein lebenslängliches Wohnrecht eingeräumt. Dessen Wert zum Datum der Übertragung bemisst sich nach der statistischen Lebenserwartung des E, nach Sterbtafel 2002/2004 für einen Mann von 79 also 7,72 Jahre. Der Wohnwert ist 150 qm x 6 EUR/qm, entsprechend 900 EUR monatlich. Durch Einräumung des Wohnrechts ergibt sich also eine Gegenleistung von 900 EUR x 12 Monate/Jahr x 7,72 Jahre = ca. 83.000 EUR (der Einfachheit halber hier nicht abgezinst). Es fehlen zum vollen Wert des Hauses also noch 180.000 EUR – 83.000 EUR = 97.000 EUR. N müsste sich nun ergänzend zu einer Leibrente verpflichten, die diesen Betrag vollständig neutralisiert, also 157.000 EUR : 12 : 7,72 = ca. 1.050 EUR. Der notarielle Vertrag zwischen E und N würde also zum Inhalt haben: E überträgt das Eigentum an der Immobilie auf N. Dafür räumt N ihm ein lebzeitiges Wohnrecht ein und verpflichtet sich zur Zahlung einer monatlichen Leibrente von 1.050 EUR. Damit ist bewirkt, dass die Transaktion nicht als Schenkung gilt und S keinen Durchgriff gegen N geltend machen kann, wenn E vor Ablauf von 10 Jahren, gerechnet ab Eintragung des N in das Grundbuch, vermögenslos stirbt.

Sie werden sich nun denken: Soeben hieß es, N sei mittellos. Wo soll er monatlich 1.050 EUR hernehmen? Die Antwort ist einfach: Er braucht 1.050 EUR nicht monatlich. Er braucht sie nur ein einziges Mal. Und die fahren dann von einem Konto zum anderen Karussell. Am Monatsanfang zahlt N durch Überweisung an E. Der hebt ab und gibt das Geld bar an N zurück. Der zahlt es auf sein Konto ein und bezahlt am nächsten Ersten wiederum durch Überweisung an E.

### Aus Sicht des Benachteiligten

Die Position des Benachteiligten ist leider denkbar ungünstig. Wenn E vermögenslos stirbt und durch Testament nur den S enterbt hat, ohne einen Erben einzusetzen (möglich nach § 1938 BGB), wird der gesetzliche Erbe, gleich wer es letztendlich ist, dem S zwar Auskunft über die Transaktion erteilen und die Urkunde vorlegen. Für S ergibt sich ein Durchgriffsanspruch gegen N aus § 2329 BGB jedoch nur unter der Voraussetzung, dass er eine Schenkung des E an den N beweisen kann. Dieser seinerseits kann nun durch Kontoauszüge und Belastungsanzeigen beweisen, die Gegenleistung regelmäßig gezahlt zu haben. Die Aussichten für S, die Verabredung aufzudecken und so zu seinem Recht zu kommen, sind also eher schlecht.

**Unterfall: Missratener Enkel**

Nehmen Sie an, Ihr Sohn tauge etwas, einer Ihrer Enkel indessen überhaupt nichts. Ihren Sohn können Sie also getrost den Betrieb erben lassen. Doch selbst wenn Ihr Sohn den Enkel enterbt, erhält dieser irgendwann den Pflichtteil aus Ihrem Vermögen. Sie setzen also den Sohn nur als Vorerben ein und als Nacherben einen geeigneteren Nachfolger. Dann erbt der Nachfolger als Ihr Erbe und der Enkel erhält noch nicht einmal den Pflichtteil aus dem Betrieb (aus dem sonstigen Nachlass seines Vaters selbstverständlich schon). Für den Fall, dass der Sohn vorverstirbt, vereinbaren Sie mit ihm einen Erbverzicht. Damit wird bewirkt, dass sein gesamter Stamm von der Erbfolge ausgeschlossen wird und keine Pflichtteilsansprüche hat. Statt des Sohnes setzen Sie auch diesmal den tauglichen Nachfolger ein.

**Behindertentestament**

Der im Heim untergebrachte oder zu Hause betreute Behinderte muss nach Sozialrecht für die Kosten der Betreuung prinzipiell selbst aufkommen und hierzu sein Vermögen einsetzen. Sogenanntes „Schonvermögen" braucht er nicht zu verwerten; dies sind maßgeblich das selbst bewohnte bescheidene Eigenheim und bare Mittel bis zu (derzeit) 2.301 EUR. Erwirbt der Behinderte Vermögen durch Erbschaft hinzu, kann der Sozialhilfeträger dies Vermögen auf sich überleiten. Zu diesem Vermögen zählt auch der Pflichtteilsanspruch. Dies bedeutet: Der Behinderte hat von der Erbschaft im Zweifel keinerlei Vorteil, da sie für seinen laufenden regulären Bedarf verwertet wird. Um dieses Ergebnis zu umgehen, hat sich im

Grundsatz Folgendes bewährt (wegen aller Details müssen Sie anwaltliche oder notarielle Beratung einholen):

Der Behinderte wird Erbe mit einem Erbteil knapp über seiner Pflichtteilsquote, neben dem anderen Elternteil und einem Geschwister beispielsweise 25 % : 2 + ein wenig dazu = 14 %. Wichtig und immer wieder übersehen: Hat es zu Lebzeiten des Erblassers ausgleichungspflichtige Zuwendungen an Geschwister gegeben, etwa einen Bauplatz zur Hochzeit, gilt zur Pflichtteilsbemessung nicht die Quotentheorie, sondern die Werttheorie, und die gesamte Konstruktion scheitert, da der Behinderte in diesem Fall einen Erbteil unterhalb seiner Pflichtteilsquote erhält. Damit gelten sämtliche Beschränkungen kraft Gesetzes als nicht angeordnet; der gefürchtete § 2306 Absatz 1 Satz 1 BGB.

Er wird indessen nur nicht befreiter Vorerbe. Als Nacherben (mit dem Tode des Behinderten) setzen Sie beispielsweise das andere Kind oder dessen Kinder ein.

Der Erbteil wird unter Testamentsvollstreckung (in Form der Dauervollstreckung bis zum Tode des Behinderten) gestellt. Dem Vollstrecker obliegt es, aus den Erträgen der Erbschaft dem Behinderten Zuwendungen zukommen zu lassen, die er im Rahmen der Unterbringung sonst nicht erhalten kann (Geschenke, Urlaube usw.).

### Ich bin unverheiratet und will meinen Lebensgefährten absichern

Die Zahl der Eheschließungen geht kontinuierlich zurück. Damit häuft sich in der Praxis die Fragestellung, wie man den nichtverheirateten Partner für den Todesfall absichern kann.

Im Grundsatz lässt sich dies nur durch Testament oder Erbvertrag bewerkstelligen, da der Lebensgefährte, gleich wie lang die Partnerschaft gewährt hat, nicht zu den gesetzlichen Erben rechnet. Zuwendungen unter Lebenden sind selbstverständlich ebenfalls denkbar, doch anders als bei der Ehe sieht das Gesetz für solche Fälle keine Ausgleichsregelung für den Fall des Scheiterns vor. Sie müssten also bei jeder Zuwendung vereinbaren, unter welchen Voraussetzungen sie im Havariefall zurückgefordert werden kann. Am elegantesten ist die Einräumung von Bezugsberechtigungen bei Lebensversicherungen, die Sie im Zweifel ohne Rücksprache wieder ändern oder widerrufen können. Weitere Möglichkeit wäre die Bildung gemeinschaftlichen Immobilieneigentums, auf das in der Folge nur der eine Partner abzahlt, wobei Sie für den Fall des Scheiterns vorab festlegen sollten, wer welche Anteile bei einer Auseinandersetzung bekommen soll. Steuervermeidende Konstruktionen sind im Zweifel wacklig; die steuerlichen Vorteile einer Ehe lassen sich grundsätzlich nicht durch Einzelvereinbarungen ersetzen.

**Es sind keine gemeinschaftlichen Kinder vorhanden**
Dann freut sich nur das Finanzamt, wenn Sie den Partner als Alleinerben einsetzen. Denn er gilt erbschaftsteuerrechtlich als Nichtverwandter, zahlt also die höchsten Sätze und hat die niedrigsten Freibeträge. (Bisweilen gelingt es im Rahmen der anwaltlichen Beratung zum Testament der Ehelosen, einen störrischen Heiratsunwilligen mit dem Hinweis auf die erbschaftsteuerlichen Folgen seiner Harthörigkeit in den Hafen der Ehe zu bugsieren, zur großen Freude seiner Partnerin.)

Setzen Sie den Lebensgefährten zum Alleinerben ein, so beträgt der Pflichtteilsanspruch Ihrer Eltern $1/2$. Um dies zu vermeiden, müssten Sie die Eltern zum Pflichtteilsverzicht bringen. Die Eltern wiederum werden im Gegenzug Sicherstellung verlangen, dass im Fall ihres Vorversterbens kein hierdurch auf Sie gelangtes Vermögen der Eltern an Ihren Partner fließen kann.

**Es sind nur gemeinschaftliche Kinder vorhanden**
Dann ist von der Ausgangslage her klar, dass Ihre Kinder Alleinerben werden müssen; alles andere wäre steuerlicher Unfug. Wegen der Absicherung des Partners ist damit aber noch nichts gewonnen. Was Sie ihm hierzu vermächtnisweise aussetzen, beispielsweise einen Nießbrauch am Eigenheim, hat er der Erbschaftsteuer zu un-

terwerfen. Sind die Kinder minderjährig, kommt in Betracht, dass Sie den Partner zum Testamentsvollstrecker einsetzen und ihm eine Vergütung bewilligen, von der er einerseits leben kann, die andererseits aber keine nennenswerte Einkommensteuer auslöst. Steuerliche Beratung ist hier unverzichtbar.

**Ich stehe in einer Bindung durch gemeinschaftliches Testament oder Erbvertrag**

Wir hatten oben (S. 51) bereits gesehen, dass eine solche Bindung Sie in der Befugnis zwar nicht hindert, mit dem Erbe nach Ihrem Belieben zu verfahren, der Erbe (§ 2287 BGB) oder der Vermächtnisnehmer (§ 2288 BGB) jedoch Ihre Schenkungen vom Beschenkten zurückfordern kann. Eine Ausnahme besteht für solche, an denen Sie ein (Juristendeutsch) lebzeitiges Eigeninteresse haben durften. Bei allen anderen Schenkungen oder Teilschenkungen wird vermutet, dass sie in (Juristendeutsch) Beeinträchtigungsabsicht geschahen.

**Tendenziell gefahrlos** sind in diesem Zusammenhang

- Begründung von Gütergemeinschaft zwischen dem Erben und seinem neuen Ehepartner (wenn mit ihr keine „ehefremden Zwecke" verfolgt werden; beispielsweise durch entsprechenden Ehevertrag im Angesicht des nahen Todes),
- Ausstattungen an Kinder (zu Hochzeit und Existenzgründung), die das den Lebensverhältnissen des Gebers entsprechende Maß nicht übersteigen, § 1624 BGB,
- Pflicht- und Anstandsschenkungen (also Hochzeits-, Geburtstags- und Weihnachtsgeschenke sowie solche zu religiösen Anlässen (Taufe und sonstige Initiationsriten),
- Spenden an mildtätige Einrichtungen oder die Kirche, ferner aus Nächstenliebe, soweit sie im Verhältnis zum sonstigen Nachlass nicht als übermäßig erscheinen; eine Quote ist allerdings kaum bestimmbar,

- Schenkungen belohnenden Charakters, mit denen eine Anerkennung für Beistand, Hilfeleistung oder Pflege in der Vergangenheit verbunden sein soll, aber auch: Übertragung eines Geschäftsanteils an verdienten Mitarbeiter,
- Aufwendungen zur Sicherung und Verbesserung der Altersversorgung des Gebers (Beispiel: Übertragung von Immobilieneigentum bei gleichzeitig vereinbarter Pflegeverpflichtung).

**Tendenziell anrüchig** sind

- Zuwendungen unter Ehegatten, wenn ihnen keine nachvollziehbare Gegenleistung gegenübersteht (wobei bloße Haushaltstätigkeit nicht in Betracht kommt); die Einzelheiten sind in Juristenkreisen allerdings heftig umstritten,
- Übertragungen, bei denen die vereinbarte Gegenleistung wertmäßig deutlich hinter dem Wert des übertragenen Gegenstandes zurückbleibt (die Rechtsprechung billigt dem Geber indessen einen gewissen Bewertungsspielraum zu; eine Gegenleistung von damals 121.000 DM bei einem Wert von 150.000 DM wurde für angemessen erachtet).

### Einvernehmen mit dem Vertragserben

Im Einvernehmen mit dem Vertragserben (oder dem Schlusserben beim bindend gewordenen Berliner Testament) können Sie wiederum alles frei regeln. Beachten Sie allerdings, dass eine solche Vereinbarung zu Lebzeiten der Beteiligten im Zweifel den Charakter eines Verzichts hat, also der notariellen Beurkundung bedarf.

### Volle Testierfreiheit

Die volle Testierfreiheit gewinnen Sie im Falle des bindend gewordenen gemeinschaftlichen Testaments nur durch Ausschlagung wieder zurück (§ 2271 Absatz 2 Satz 1 BGB). Diese Variante kommt ernsthaft nur in Betracht, wenn der Nachlass des Erstversterbenden deutlich geringer ist als das Vermögen des Überlebenden.

**Beispiel** *Der Vater stirbt unter Hinterlassung eines nun bindend gewordenen Berliner Testaments, worin die einzige Tochter als Schlusserbin bestimmt ist. Mit dieser Tochter verstreitet sich die Witwe noch am offenen Grab und beschließt, dass jene keinesfalls mehr Schlusserbin werden solle. Schlägt sie jetzt die Alleinerbschaft nach dem Gatten aus, fällt diese zwar sogleich in vollem Umfang der Tochter an. Die Witwe kann jedoch im Hinblick auf ihr eigenes Vermögen wieder frei testieren und es zu Lebzeiten weggeben, ohne dass ihrem Erben Ansprüche nach § 2287 BGB drohen.*

## Ich bin Vorerbe

Die Konstellation Vorerbschaft/Nacherbschaft ist in vielen Fällen misslich. Der Vorerbe kann mit dem Nachlass so recht nichts anfangen, da er ihn für den Nacherben verwahren muss und ihm nur die Erträge zukommen; der Nacherbe muss abwarten, bis der Vorerbe stirbt, um überhaupt etwas vom Erbe zu haben. Hier liegt es bisweilen nahe, dass man sich auf halbem Wege entgegenkommt und die Wirkungen des Nacherbfalls durch Vereinbarung früher eintreten lässt als vom Erblasser vorgesehen.

**Beispiel** *Die Ehefrau ist nicht befreite Vorerbin, Nacherbe der einzige Sohn, wesentlicher Nachlassgegenstand ein Mietshaus mit Renovierungsstau. Der Witwe wird die Verwaltung lästig, verkaufen kann sie aber nicht. Der Sohn kann absehen, bis zum Tode der Mutter gar nichts zu erhalten und mit dem Tod eine ramponierte Immobilie. Überträgt nun der Sohn seine Nacherbenanwartschaft an die Mutter, so wird diese Vollerbin. Der hinderliche Nacherbenvermerk wird im Grundbuch gelöscht, die Immobilie wird damit veräußerlich und Mutter und Sohn müssen sich nur noch einigen, wie der Erlös verteilt wird. Die Übertragung muss notariell beurkundet werden (§ 2371 BGB).*

Es wäre auch denkbar, dass die Mutter die Vorerbschaft an den Sohn überträgt.

**Wichtig:** Im Rechtssinne tritt hier der Nacherbfall nicht ein; der Vorerbe bleibt trotz der Veräußerung Erbe und haftet weiter für die Nachlassverbindlichkeiten.

Schließlich ist Folgendes möglich: Der Sohn bewilligt nur die grundbuchliche Löschung des Nacherbenvermerks, die Mutter kann sodann verkaufen, der Erlös wird geteilt, und im Übrigen bleibt es bei der Nacherbschaft.

## Ich bin geschieden oder lebe in Scheidung

In diesem Fall gilt es einige Punkte im Hinterkopf zu behalten, nämlich Verwaltung, Beerbung bzw. Pflichtteil sowie Unterhalt; ist die Scheidung noch nicht rechtskräftig auch den Zugewinnausgleich.

### Gemeinschaftliche Kinder

Sollen gemeinschaftliche Kinder erben, die sich in Obhut des geschiedenen Ehegatten aufhalten, so gilt es zu beachten, dass diesem für die Dauer der Minderjährigkeit im Zweifel die Vermögenssorge auch für das Erbe zuwächst. Hier wäre in Betracht zu ziehen, für den Erbteil der Kinder Testamentsvollstreckung anzuordnen, bis sie volljährig sind, und als Vollstrecker eine neutrale Vertrauensperson zu wählen. Alternativ stellt Ihnen das Gesetz auch die Möglichkeiten zur Verfügung, wie sie oben auf S. 42 f. dargestellt sind.

Vorsorge ist auch für den fatalen Fall zu treffen, den Sie oben auf S. 11 geschildert finden: Nach erfolgter Scheidung sterben zuerst Sie und beerben ein Kind, sodann stirbt das Kind und wird vom geschiedenen Ehegatten beerbt. Dieser Katastrophe können Sie nur dadurch vorbeugen, dass die Kinder zunächst Ihre befreiten Vorerben werden und als Nacherbe eine Ihnen genehmere Person eingesetzt wird für den Fall, dass die Kinder vor dem geschiedenen Ehegatten versterben. Vollerben sollen sie erst mit dem Tod des geschiedenen Ehegatten werden.

### Unterhalt an geschiedenen Ehegatten

Zahlen Sie dem geschiedenen Ehegatten Unterhalt, so hat er gegen Ihre Erben einen Anspruch auf Weiterzahlung des Unterhalts, und zwar bis zur Höhe seines Pflichtteils, den er gehabt hätte, wenn die Ehe nicht geschieden worden wäre (§ 1586b Absatz 1 BGB). Der Güterstand (und damit die konkrete Erbquote) ist dabei unerheblich, so dass sich die Pflichtteilsquote aus den Erbquoten ergibt, wie sie oben auf S. 5 näher dargestellt sind (½ Erbquote mit Kindern, ¾ Erbquote ohne Kinder usf.; nach der Scheidung geborene Kinder zählen übrigens mit). Der Anspruch besteht nicht, wenn der berechtigte Ehegatte auf Erb- oder Pflichtteilsrecht verzichtet hatte. Es liegt für den Unterhaltspflichtigen also nahe, bereits mit Regelung der Trennungsfolgen einen solchen Verzicht anzusprechen.

**Wettlauf beim Zugewinnausgleich**

Ein äußerst fataler Wettlauf mit dem Tod kann sich ergeben, wenn die Ehe noch nicht geschieden ist. Der Zugewinnausgleichsanspruch wird grundsätzlich erst fällig mit Rechtskraft der Scheidung. Kann der Ehegatte, der ihn bezahlen muss, absehen, dass der andere demnächst verstirbt (wegen schwerer Erkrankung oder Unfallfolgen etwa), so wird er versuchen, diesen Zeitpunkt hinauszuschieben – beispielsweise durch Rücknahme des Scheidungsantrags oder Einbringung verzögernder Anträge ins Scheidungsverfahren oder Einlegung von Rechtsmitteln gegen den Scheidungsausspruch.

Zu verhindern ist dieser pietätlose Wettlauf nur in Gestalt einer Vereinbarung der Gatten, wonach die Fälligkeit anders geregelt wird. Hier müssen Sie zwingend Beratung einholen.

**Ich lebe in havarierter Ehe (oder: Der Trick mit dem Vermächtnis)**

Hier soll nur ein bestimmter heikler Fall besprochen werden: Ist das gesamte Vermögen auf Ihrer Seite und in der Ehe entstanden, so ergibt sich im gesetzlichen Güterstand der Zugewinngemeinschaft für die Trennungsphase eine fatale Besonderheit.

Erst die Zustellung eines begründeten Scheidungsantrags beendet das Erbrecht des Ehegatten (§ 1933 für das gesetzliche Erbrecht und

§ 2077 Absatz 1 Satz 2 BGB für das Erbrecht durch letztwillige Verfügung). Bis dahin bleibt sein gesetzliches Erbrecht, wie es oben (S. 4ff.) dargestellt wurde, unverändert. Angesichts einer Trennungssituation müssen Sie überlegen, ob Sie an diesem Punkt die Notbremse ziehen wollen. Bei den folgenden Erwägungen gehen wir davon aus, dass Sie ohne Ehevertrag verheiratet sind, eine Million EUR bar hinterlassen, die insgesamt von Ihnen in der Ehe erwirtschaftet wurden, und Ihr Ehegatte kein eigenes Vermögen hat. Ihre Beerdigung kostet 20.000 EUR. Sie haben gemeinschaftliche Kinder.

### Nichts tun?

Dann gilt das Gesetz und der Ehegatte erbt 1/2, nämlich 1/4 gesetzlichen Erbteil neben Kindern aus § 1931 Absatz 1 Satz 1 Variante 1 BGB sowie 1/4 als pauschalen Zugewinnausgleich aus § 1371 Absatz 1 BGB. Dies entspricht 1.000.000 EUR – 20.000 EUR = 980.000 EUR : 2, also 490.000 EUR. (Zur Erinnerung: Gibt es keine Kinder, aber noch lebende Eltern, so ist der Erbteil 1/2 aus § 1931 Absatz 1 Satz 1 Variante 2 BGB zuzüglich 1/4 aus § 1371 Absatz 1 BGB, zusammen also 3/4; siehe im Einzelnen oben S. 5).

Der Ehegatte kann jedoch, erste Besonderheit, in diesem Fall die Erbschaft ausschlagen und sodann verlangen:

- (1) den in der Ehe konkret entstandenen Zugewinnausgleich. Dieser beträgt vorliegend 500.000 EUR, denn die Beerdigungskosten werden nicht abgezogen.
- (2) daneben den sogenannten „kleinen" Pflichtteil, nämlich 1/2 aus dem Erbteil gemäß § 1931 BGB. Vorliegend beträgt dieser, da Kinder vorhanden sind, 1/4, der kleine Pflichtteil also 1/8.

Bemessungsgrundlage ist der Nachlass von 1.000.000 EUR abzüglich 500.000 EUR Zugewinnausgleich abzüglich 20.000 EUR Beerdigungskosten = 480.000 EUR. 1/8 hieraus sind 60.000 EUR. Durch die Ausschlagung verbessert sich der Ehegatte also um 70.000 EUR auf 560.000 EUR.

Schlägt er nicht aus, bleibt es nach Ablauf der Ausschlagungsfrist beim gesetzlichen Erbrecht (Erbteil $^{1}/_{2}$, also 490.000 EUR).

**Enterbung?**
Also liegt die vollständige Enterbung nahe. Sie würden dann einfach testieren:

**Beispiel** *„Meinen Ehegatten X enterbe ich."*

Im Übrigen verbliebe es bei der gesetzlichen Erbfolge.

Man sollte meinen, dass der Ehegatte dann jedenfalls den üblichen Pflichtteil von $^{1}/_{2}$ aus der Quote seines gesetzlichen Erbrechts erlangen könnte, hier also $^{1}/_{4}$ (der sogenannte „große" Pflichtteil) mit 1.000.000 EUR – 20.000 EUR = 980.000 EUR : 4 , also 245.000 EUR.

Dem ist aber nicht so, und in einem Fall wie dem vorliegenden ist das für den Ehegatten sehr vorteilhaft. Mit der vollständigen Enterbung erzwingen Sie nämlich nach § 1371 Absatz 2 BGB die für den Ehegatten lukrative Abrechnung über den Zugewinnausgleich nebst „kleinem" Pflichtteil. Denn der Ehegatte hat kein Wahlrecht, ob er statt dieser Variante den „großen" Pflichtteil geltend macht. Es läuft damit also sozusagen automatisch auf die 560.000 EUR hinaus.

**Trickreich zum „großen" Pflichtteil**
Eine Wahl zwischen „kleinem" Pflichtteil plus konkretem Zugewinn einerseits, „großem" Pflichtteil andererseits eröffnet sich für den Ehegatten nur, wenn Sie ihn durch letztwillige Verfügung bedenken und er nicht ausschlägt, was Sie ihm zugedacht haben, § 1371 Absatz 3 BGB. In diesem Falle ist er auf den „großen" Pflichtteil beschränkt, die Falle zugeklappt und ein Anspruch auf konkreten Zugewinn ausgeschlossen. Ihm entsteht damit im Beispielsfall, um es nochmals zu verdeutlichen, ein Nachteil von 560.000 EUR – 245.000 EUR = 315.000 EUR.

Hierzu kann man ihn letztlich nur mit psychologischem Geschick verlocken, also eine passende Formulierung im Testament. Schreiben Sie etwa:

**Beispiel** *„Auch angesichts der Trennung möchte ich die guten Zeiten nicht vergessen, die ich mit meinem Ehegatten erlebt habe, und setze ihm hiermit einen Erbteil in einer Quote von $^{1}/_{4}$ entsprechend dem „großen" Pflichtteil aus. Daneben erhält er die goldene Uhr meines Großvaters als Vermächtnis, die er immer so gern hatte."*

Nimmt der Ehegatte die Uhr nach Testamentseröffnung an sich und/ oder schlägt den Erbteil nicht aus, so ist damit die gewünschte Beschränkung auf den großen Pflichtteil eingetreten.

Diese Variante rechnet sich für Sie bzw. Ihre Erben allerdings nur, wenn der Zugewinn eindeutig und maßgeblich auf Ihrer Seite entstanden ist. Haben Sie, wie unter Ehegatten ja nicht unüblich, alle Vermögensgegenstände gemeinschaftlich inne, so können Sie es bei der schlichten Enterbung belassen, womit (siehe oben S. 95) nur kleiner Pflichtteil und konkreter Zugewinn von 0 zu zahlen ist. Lassen Sie also, bevor Sie zum Vermächtnistrick greifen, ausrechnen, was als konkreter Zugewinn herausschaute, wenn Sie morgen die Augen schlössen.

## Ich will mein Vermögen zu einem bestimmten Zweck dauerhaft erhalten (Stiftung)

Da Sie in diesem Fall ohnehin ausführlicher Beratung bedürfen, seien an dieser Stelle nur die elementaren Informationen genannt.

**Stiftung** bedeutet nichts weiter als eine rechtlich verselbständigte Vermögensmasse, die zu einem bestimmten Zweck erhalten werden muss. Diesen Zweck legt der Stifter für alle Zeiten bindend fest.

Gründen Sie eine Stiftung aus Mitteln Ihres Vermögens zu Lebzeiten oder bedenken Sie Ihre Stiftung als Erbin, so muss Ihnen klar sein, dass Sie das Geld sozusagen für ewig weggeben. Denn das Kapital, der Grundstock, darf nicht angegriffen werden, lediglich die Erträge stehen dem Stiftungszweck zur Verfügung.

**Beispiel** *Sie gründen mit zwei Millionen Euro eine August-Schluckebier-Stiftung zur Förderung der Brau- und Sangeskunst. Sie soll alljährlich mindestens drei Mitbürger auszeichnen, die nach Verzehr von fünf Halben alle sechzehn Strophen Ännchen von Tharau artikuliert zustande bringen, und zwar im Rahmen einer von der Stiftung abzuhaltenden August-Schluckebier-Liedertafel. Zur Verteilung als Preisgeld stehen die Jahreserträge abzüglich der laufenden Kosten zur Verfügung. Sind die zwei Millionen konservativ angelegt, so ergeben sich nach Abzug von Steuern und Verwaltungskosten vielleicht 30.000 EUR, die jährlich ausgesetzt werden können.*

### Gründung („Stiftungsgeschäft")

Sie können unter Lebenden gründen oder von Todes wegen, also durch Testament oder Erbvertrag, §§ 81 und 83 BGB. Schriftform reicht unter Lebenden aus; der notariellen Form bedarf das Geschäft nur, wenn mit dem Stiftungsgeschäft Grundvermögen übertragen werden soll. Muster finden Sie unter www.stiftungen.org. Als Stiftungskapital reichen derzeit 25.000 bis 100.000 EUR aus. Mit Anerkennung durch die Aufsichtsbehörde (von Bundesland zu Bundesland unterschiedlich) entsteht die Stiftung.

### Zwecke (privat- oder gemeinnützig) und das Finanzamt

Ob der Stiftungszweck gemeinnützig ist oder nicht, hat erhebliche steuerliche Konsequenzen, da die gemeinnützige Stiftung von so gut wie allen Steuern dauerhaft befreit ist. Die Gemeinnützigkeit ist von daher eine rein steuerrechtliche Kategorie und mit dem Finanzamt zu klären.

Die Stiftung wird übrigens auch dann noch als gemeinnützig angesehen, wenn nicht mehr als $1/3$ der Erträge als Unterhalt oder Versorgung an Angehörige des Stifters fließen. Die Angehörigen müssen diese Geldflüsse jedoch der Schenkungs- oder Einkommensteuer unterwerfen.

Alle anderen Stiftungen sind privatnützig. Als Steuersparmodell kommen sie entgegen landläufiger Meinung eher nicht in Betracht. Nehmen Sie als Beispiel die „Familienstiftung", wiederum ein rein steuerrechtlicher Begriff. Zweck einer solchen Familienstiftung ist aus Sicht des Stifters einerseits, das Familienvermögen nicht durch Erbgang zersplittern zu lassen, und andererseits die Auskehr der Erträge an sich und seine Angehörigen der künftigen Generationen. Sie wird von der Finanzverwaltung als solche etwa anerkannt, wenn mehr als die Hälfte der jährlichen Erträge an den Stifter und seine Angehörigen fließen soll.

Besteuert wird dann zunächst der Übergang des Vermögens an die Stiftung mit Schenkung- oder Erbschaftsteuer, je nachdem, ob die Stiftung zu Lebzeiten ausgestattet oder von Todes wegen bedacht ist. Alle dreißig Jahre fällt außerdem eine „laufende Erbersatzbesteuerung" an. Hierbei kommen grundsätzlich die Steuersätze der laut Satzung begünstigten Angehörigen zur Anwendung sowie deren Freibeträge – weshalb nur Ehegatten, Kinder und Enkel begünstigt werden sollten. Eine Besteuerung mit Erbschaftsteuer findet dann in den künftigen Erbgängen nicht mehr statt.

**Pflichtteilsansprüche bedenken**

Die Ausstattung einer Stiftung mit Ihrem Geld, geschehe es lebzeitig oder von Todes wegen, löst potentiell Pflichtteils- und Pflichtteilsergänzungsansprüche aus. Gründen Sie beispielsweise eine Familienstiftung zu Lebzeiten und übertragen ihr sogleich Ihr wesentliches Vermögen, so schwebt binnen der Zehnjahresfrist ein Durchgriffsanspruch aus § 2329 BGB über ihr. Bedenken Sie die Stiftung gar als alleinige Erbin, sieht sie sich nach Ihrem Tode den Pflichtteilsansprüchen aller Abkömmlinge und der Ehefrau oder sonstiger Berechtigter ausgesetzt. Absichern können Sie die Stiftung hiergegen nur, wenn Sie Pflichtteilsverzichtsvereinbarungen schließen. Darauf werden sich die Berechtigten nur einlassen, wenn sie sich von den laufenden Erträgen auf Dauer mehr versprechen können als von dem Einmalbetrag des Pflichtteils.

**Ich will einer/einem Geliebten etwas Gutes tun (vormals „Mätressentestament“)**
Wer so unklug ist, eine Geliebte oder einen Geliebten durch Testament zu bedenken, hat sich die Folgen – wenn er nicht bewusst ein Zeichen setzen will – nur deshalb nicht selbst zuzuschreiben, weil er sie am eigenen Leibe aufgrund Ablebens kaum mehr spüren wird. Der Mann und die Dame von Welt erledigen solche Gaben durch Einräumung von gut ausgestatteten Auslandskonten, die zugunsten der Betreffenden auf den Todesfall verfügt werden.

## Streitvermeidung

Zum Schluss noch einige kurze Hinweise zur Strategie der Streitvermeidung. Streit ist prinzipiell angelegt – in der Reihenfolge der Häufigkeit in der Praxis

- unter Miterben (die unerfreulichste Art),
- zwischen Erben und dem Pflichtteilsberechtigten,
- zwischen Erben und dem Vermächtnisnehmer,
- zwischen Erben und dem Testamentsvollstrecker.

Ganz verhindern können Sie solche Streitigkeiten nie. Die nachfolgend zusammengefassten elementaren Weichenstellungen sollten Sie jedoch beachten.

## Checkliste

- Sagen Sie ausdrücklich und präzise, was Sie wollen (schreiben Sie beispielsweise nicht: „Die Kinder sollen alles gerecht untereinander teilen!") Eine Vielzahl der erbrechtlichen Problemfälle sind in unklaren oder missverständlichen Formulierungen begründet.
- Ordnen Sie konkret an, wer was bekommen soll und in welcher erbrechtlichen Rolle. Verwenden Sie hierbei die gesetzlichen Begriffe. Wenn einer der Beteiligten nichts mitzusprechen haben soll, darf er nicht Erbe werden. Dann dürfen Sie ihm nur ein Vermächtnis aussetzen Das sollten Sie auch exakt so formulieren. Wenn Sie Teilungsanordnungen treffen oder Vorausvermächtnisse aussetzen, sollten Sie sicherheitshalber klarstellen, ob Sie die Bedachten wertmäßig gleich bedenken wollen oder ob der eine mehr bekommen soll als der andere.
- Ordnen Sie an, ob mehrere Beteiligte gleichberechtigt über den Nachlass bestimmen dürfen (Erbengemeinschaft) oder ob Sie ihnen einen „Chef" überordnen wollen. Der schärfste Chef ist der Testamentsvollstrecker; er herrscht diktatorisch.
- Enterben Sie nur, wenn – sei es im Nachlass, sei es beim Erben – genügend Geld vorhanden ist, den Pflichtteil auch zu zahlen. Bedenken Sie: Der Enterbte ist wegen der Enterbung regelmäßig ohnehin gereizt. Das Gesetz gibt ihm einen kurzfristig durchsetzbaren Geldanspruch. Fehlt es nun an baren Mitteln, so wird der Erbe in der Praxis vom Pflichtteilsberechtigten recht häufig gejagt wie ein Hase; er sieht sich Begutachtungs- und Prozesskosten ausgesetzt, im Zweifel auch der Notwendigkeit, kurzfristig eine Immobilie zu veräußern.

# Stichwortverzeichnis